Entstehung und Ergebnisse der Demokratieförderungsprogramme
der Europäischen Union in Nordafrika

Europäische Hochschulschriften
Publications Universitaires Européennes
European University Studies

Reihe XXXI
Politikwissenschaft

Série XXXI   Series XXXI
Sciences politiques
Political Science

Bd./Vol. 621

PETER LANG
Frankfurt am Main · Berlin · Bern · Bruxelles · New York · Oxford · Wien

Lars Leschewitz

Entstehung und Ergebnisse der Demokratieförderungsprogramme der Europäischen Union in Nordafrika

PETER LANG
Internationaler Verlag der Wissenschaften

Bibliografische Information der Deutschen Nationalbibliothek
Die Deutsche Nationalbibliothek verzeichnet diese Publikation in
der Deutschen Nationalbibliografie; detaillierte bibliografische Daten
sind im Internet über http://dnb.d-nb.de abrufbar.

Gedruckt auf alterungsbeständigem,
säurefreiem Papier.

ISSN 0721-3654
ISBN 978-3-631-63760-9
© Peter Lang GmbH
Internationaler Verlag der Wissenschaften
Frankfurt am Main 2012
Alle Rechte vorbehalten.

Das Werk einschließlich aller seiner Teile ist urheberrechtlich
geschützt. Jede Verwertung außerhalb der engen Grenzen des
Urheberrechtsgesetzes ist ohne Zustimmung des Verlages
unzulässig und strafbar. Das gilt insbesondere für
Vervielfältigungen, Übersetzungen, Mikroverfilmungen und die
Einspeicherung und Verarbeitung in elektronischen Systemen.

www.peterlang.de

Meiner Familie.

Danksagung

Mit der Veröffentlichung dieses Buches schließe ich mein über fünfjähriges Studium in Berlin und Krakau ab, das mir sehr interessante und prägende Momente geschenkt hat. Wie so vieles ist auch dieses Buch nicht ohne tatkräftige Hilfe von Anderen entstanden. Ihnen gilt mein Dank:

Großer Dank gebührt meiner Betreuerin Frau PD Dr. Salua Nour von der Freien Universität Berlin, die mein Interesse an der Thematik geweckt hat. Ohne ihr Engagement und ihre große fachliche Kompetenz wäre es nicht zu dieser Veröffentlichung gekommen. Vielen Dank für einen hochspannenden und unterhaltsamen Projektkurs sowie die Betreuung der Diplomarbeit!

Weiterhin danke ich für die Möglichkeit dieses Buch zu veröffentlichen dem Peter Lang Verlang und besonders Dr. Benjamin Kloss für die kompetente und nachsichtige Betreuung meiner Publikation.

Ganz besonders danke ich für die wichtigen Anregungen und moralische Unterstützung bei der Anfertigung von Diplomarbeit und Buch Marta Grochowalska und Jessica Susanne Krause. Vielen Dank für die große Hilfe!

Nicht zuletzt gebührt mein Dank für die Möglichkeit, überhaupt studieren zu können, und dazu noch in der Ferne, meiner Familie. Vielen Dank für Eure Geduld und Ermutigungen!

Berlin, im Oktober 2012   Lars Leschewitz, Dipl.-Pol.

Vorwort

Die „Demokratieförderung" bildet eine tragende Säule der EU-Kooperation mit nordafrikanischen Ländern. Darunter verstehen sowohl die interessierte Öffentlichkeit als auch die Fachwissenschaft die Durchführung von Programmen in Zusammenarbeit mit lokalen Institutionen, die auf die Überwindung autoritärer und repressiver politischer Verhältnisse in diesen Ländern zielen. Es wird angenommen, dass die Demokratisierung dieser Länder eine unabdingbare Voraussetzung für ihre wirtschaftliche Entwicklung ist und damit für ihre Befähigung zur Übernahme der Rolle, die ihnen zum allseitigen Nutzen im Rahmen der „Europäischen Nachbarschaftspolitik" zugedacht ist.

Die Frage nach der Wirksamkeit dieser Programme stellt sich in dringlicher Weise, wenn Bilanz gezogen und eine Diskrepanz zwischen den an solchen Programmen geknüpften Erwartungen und den mit ihrer Hilfe in der Praxis realisierten Fortschritten hinsichtlich der Demokratisierung der politischen Systeme Nordafrikas festgestellt wird. Dass es eine Diskrepanz gibt, wird von niemandem bestritten. Die Meinungen gehen jedoch auseinander, wenn es darum geht, diese Diskrepanz zu erklären und zu begründen. Je nach Blickwinkel des Betrachters erscheinen die Programme entweder als angemessen, wobei der Grund für ihre mangelnde Wirksamkeit in den Schwierigkeiten gesehen wird, die ihre Umsetzung unter den in nordafrikanischen Ländern gegebenen unberechenbaren und unbeständigen politischen Bedingungen behindern, oder sie erscheinen als unzulänglich, wobei nach den Ursachen deren Unzulänglichkeit auf der analytisch-konzeptionellen Ebene oder aber auf der Ebene deren praktischer Umsetzung gesucht wird.

Mit der vorliegenden Studie transzendiert der Verfasser diese Debatte, die bislang zu keiner schlüssigen Antwort auf die Frage nach dem Grund für die mangelnde Wirksamkeit von EU-Programmen zur „Demokratieförderung" in nordafrikanischen Ländern geführt hat. Er macht einen Versuch, diesen Grund anhand einer systematischen Auseinandersetzung mit dem Diskurs und dem empirisch nachweisbaren Handeln der Protagonisten im Handlungsfeld der „EU-Nachbarschaftspolitik" aufzudecken. Sein Ziel ist dabei, die Interessenlage in der EU sowie die Sachlage in nordafrikanischen Ländern als Determinanten der Entstehung und Umsetzung von Programmen im Bereich der „Demokratieförderung" auszuleuchten. Die Arbeitshypothese, die er damit prüfen will, besagt, dass diese Programme (gemessen an der Diskrepanz zwischen dem damit angestrebten Ziel der Demokratisierung der Partner-Länder und ihrer ausbleibenden

Demokratisierungswirkung) in der Praxis nicht wegen technischer Unvollkommenheiten gescheitert sind, sondern weil sie, trotz ihrer Ausrichtung auf der Diskursebene auf die Überwindung der Hürden, die den Fortschritt der Demokratisierungsprozesse behindern, hinsichtlich ihrer Umsetzung durch dominante Akteure in der EU und in nordafrikanischen Ländern sich jedoch in Maßnahmen erschöpfen, die das „für die politische Transformation von Systemen ungeeignete Top-Down-Konzept der Demokratisierung durch wirtschaftliche Liberalisierung" diktiert und mit denen die Interessen dieser Akteure (an politischer Stabilität und der Realisierung wirtschaftlicher Vorteile im Mittelmeerraum) eher als die auf der diskursiven Ebene formulierten Anliegen (der Demokratieförderung) bedient werden.

Um diese gewagte Hypothese zu verifizieren, konzipiert der Verfasser ein außerordentlich anspruchsvolles Forschungsprogramm, anhand dessen die komplexe Wirkungsweise von Interessen, Kräfteverhältnissen und dem sie tragenden oder rechtfertigenden bzw. verdeckenden Diskurs in der „EU-Nachbarschaftspolitik" wie durch ein Vergrößerungsglas verdeutlicht wird. Im Unterschied zu Forschungsansätzen, mit denen dieses Ziel ebenso verfolgt wird und die aber auf der Annahme basieren, dass es sich bei der EU und den nordafrikanischen Partnerländern um „homogene Akteure" handelt, deren Diskurs und Aktionen sich im Prinzip decken, benutzt der Verfasser dieser Studie einen differenzierten, aus der Internationalen Politischen Ökonomie rezipierten Forschungsansatz, mit dessen Hilfe manch einem Leser neue Einblicke in die Beschaffenheit der EU und der nordafrikanischen politischen Systeme als „zusammengesetzte Akteure" mit endogenen Kräfteverhältnissen, variierenden Interessenschwerpunkten und hegemonialen Bestrebungen jenseits von Absichtserklärungen und hypothetischen Modellen vermittelt werden.

Dank dieser Studie werden die Interessen- und Zielkonflikte ausgeleuchtet, die im Bereich der EU-Partnerschaft mit Nordafrika einmal zwischen den verschiedenen Akteuren innerhalb der EU und zum Anderen zwischen diesen und den ihrerseits in Ziel- und Interessenkonflikten verwickelten Akteuren in den Partnerländern ausgetragen werden. Durch die Aufdeckung dieser Interessensowie Konfliktmuster und einhergehend damit die Bestimmung der Kräfteverhältnisse der darin engagierten Akteure wird eine konkrete analytische Grundlage für die Analyse der Diskrepanz zwischen Rhetorik und Wirklichkeit der EU-Programme im Bereich der „Demokratieförderung" in Nordafrika bzw. der konzeptionellen, technischen und realpolitischen Ursachen der Unzulänglichkeit dieser Programme geschaffen. Daran schließt sich die vorzügliche Prüfung der Hypothesen bezüglich der realen Interessen der involvierten Akteure an. Diese erfolgt anhand der minutiösen und quellenmäßig reichlich untermauerten Analyse der politischen und wirtschaftlichen EU-Beziehungen zu den Partnerländern in Nordafrika sowie der Akteure, die in den EU internen Aushandlungsprozessen engagiert sind, deren Verbindung zu den Eliten in nordafrikanischen Ländern und deren Einfluss auf die „Versicherheitlichung" der EU-Beziehungen zu den Mittelmeer-Ländern.

Mit der Studie konnte in plausibler und empirisch fundierter Weise nachgewiesen werden, dass die Wirtschafts- und Sicherheitsinteressen dominanter Akteure in der EU ihren konkreten Niederschlag in den Programmen für „Demokratieförderung" mit Bezug auf Nordafrika fanden. Auf der Diskursebene zielten diese Programme eindeutig auf die politische Transformation autoritärer Systeme in dieser Region; auf konzeptioneller und praktischer Ebene dienten sie jedoch genau so eindeutig dem Zweck der Schaffung günstiger Bedingungen für die Verwirklichung der Wirtschafts- und Sicherheitsinteressen dominanter Akteure auf der Seite der EU und der Machterhaltungsinteressen der herrschenden Eliten in Nordafrika. Dies hatte zum Ergebnis, dass diese Programme sich zu Ungunsten der eigentlichen gesellschaftlichen Träger von Demokratisierungsprozessen in nordafrikanischen Ländern ausgewirkt und sich deshalb im Hinblick auf das damit auf Diskursebene angestrebte Ziel der Demokratisierung dieser Länder als unzulänglich erwiesen haben.

Diese kritische Beurteilung des EU-Ansatzes zur „Demokratieförderung" in nordafrikanischen Ländern ist in schlüssiger Weise begründet und frei von Polemik und Stereotypen. Sie basiert auf Erkenntnissen bezüglich der Funktionsweise der Mechanismen der Artikulation, Durchsetzung und Rechtfertigung von Interessen dominanter Akteure im Kontext des realen historischen und politischen Geschehens in der EU und im Mittelmeerraum, die nicht Politikwissenschaftlern allein vorbehalten bleiben dürfen, sondern jedem interessierten EU-Bürger zugänglich gemacht werden sollten, da der Erwerb dieser Erkenntnisse die wichtigste Voraussetzung für ein sinnvolles Engagement hinsichtlich der Verteidigung demokratischer Werte gegen die Tendenzen zu ihrer Marginalisierung durch mächtige Bürokratien, Technokraten und Wirtschaftsinteressen im europäischen und globalen Kontext darstellt. Mit der Studie übt der Verfasser insofern keine gewöhnliche „Standardkritik" an einem EU-Ansatz aus, die wirkungslos bleibt, weil sie sich in der Benennung von Unzulänglichkeiten erschöpft, welche unter den bestehenden strukturellen Bedingungen nicht zu beheben sind und denen die Forschung oft mit Hilfe normativer, in der Praxis nicht umsetzbarer Empfehlungen beizukommen versucht. Seine ist eine konstruktive Kritik, die das Handeln hinsichtlich realer Wirkungszusammenhänge – jenseits von Mainstream-Forschung und Medien-Hype – informiert und deshalb große Praxisrelevanz hat.

Die besondere Leistung des Verfassers besteht dabei nicht allein in der Lieferung von beeindruckendem Beweismaterial für die Untermauerung seiner Hypothese bezüglich der Artikulierung und Durchsetzung der Interessen dominanter Akteure im Kontext der „EU-Nachbarschaftspolitik" auf logischer und empirischer Ebene, sondern auch in der Erstellung einer Studie, welche die strengsten Kriterien der Wissenschaftlichkeit erfüllt, mit deren Hilfe praxisrelevante Problemlösungsoptionen formuliert werden können und sich gleichzeitig wie ein spannender Kriminalroman liest. Die Studie ist deshalb weit über ihren ursprünglichen Rahmen als „Diplomarbeit am Otto-Suhr-Institut der Freien Universität Berlin" herausgewachsen und hat die Form eines innovativen und ernstzunehmenden Beitrags zur Debatte um die „Zukunft der Demokratie" in Europa und in Europas Partnerländern angenommen, der es verdient, einem größeren akademischen und außerakademischen Leserkreis zugänglich gemacht zu werden.

Die Studie ist in einer klaren, sparsamen sowie anschaulichen Sprache verfasst und ist frei von Verkürzungen und Redundanzen. Die Beweisführung stützt sich auf einer ausgezeichneten bibliographischen Recherche und folglich auf einer umfangreichen Datenbasis sowie auf einer durchweg schlüssigen Argumentation. Der Verfasser hat im Zusammenhang mit den Interessen der EU-Akteure den untersuchten Stoff nicht nur sauber analysiert; teilweise gleicht die Arbeit einem anatomischen Seziervorgang oder der Auflösung einer mathematischen Aufgabe. Die Studie ordnet sich damit in die sachlich-kritische Forschung ein, die sich nicht in der Unterscheidung zwischen Diskurs und Realität und der Feststellung der Diskrepanz zwischen diesen erschöpft, sondern die Suche nach den Ursache-Wirkungsketten umfasst, die zu dieser Diskrepanz führen und im Hinblick auf deren Behebung beeinflusst werden könnten. Darin liegt die Praxisrelevanz dieser Forschung. Dem Verfasser ist es damit gelungen, einen ernstzunehmenden, außerordentlich aufschlussreichen politikwissenschaftlichen Beitrag zur Thematik der Demokratie-Förderung in Nordafrika durch die EU zu leisten.

Die Lektüre dieser brillanten Studie macht einen betroffen, wenn man der Mechanismen gewahr wird, mit deren Hilfe dominante Akteure in wirtschaftlichen und politischen Räumen heute das Konzept der „Demokratie" für ihre eigenen Interessen und zum Nachteil der wirklichen Träger von Demokratisierungsprozessen instrumentalisieren. Die Betroffenheit weicht aber dem Optimismus, den der Gedanke an die Existenz, die analytischen Kompetenzen, die Artikulationsfähigkeit und das Engagement von solchen „Whistle Blowers" wie dem Verfasser der vorliegenden Studie beim Leser auslöst. So lange wie es diese gibt, bleibt die Hoffnung bestehen, dass die Sache der Verteidigung der Demokratie gegen die Tendenzen zu deren Aushöhlung im Rahmen der Globalisierung noch nicht verloren ist.

Berlin, im Oktober 2012   PD Dr. Salua Nour

Inhaltsverzeichnis

Abkürzungsverzeichnis 17
Abbildungs- und Tabellenverzeichnis 19

1. Einleitung 21
   1.1. Problemfeld und Fragestellung 21
   1.2. Aufbau der Arbeit und weiteres Vorgehen 22
   1.3. Historischer Überblick über die EU-Mittelmeer-Beziehungen 24
   1.4. Forschungsstand zu den Demokratieprogrammen der EU 27
   1.5. Theoretische Vorüberlegungen 29
      1.5.1. Eigener wissenschaftlicher Standpunkt 29
      1.5.2. Praxeologischer Ansatz 31
      1.5.3. Arbeitshypothesen 32

2. Inhalt und Ergebnisse der EU-Partnerschaftsprogramme 35
   2.1. Konditionalität und finanzielle Ausstattung 35
      2.1.1. Konditionalität und finanzielle Ausstattung der
            Partnerschaftsprogramme 35
      2.1.2. Ergebnisse der Konditionalität und finanziellen Ausstattung 37
   2.2. *Top-down*-Ansatz und Liberalisierungsagenda 41
      2.2.1. *Top-down*-Ansatz in den Partnerschaftsprogrammen 41
      2.2.2. Liberalisierungsagenda in den Partnerschaftsprogrammen 44
      2.2.3. Ergebnisse des *top-down*-Ansatzes 46
      2.2.4. Auswirkungen der Liberalisierungsagenda 49
   2.3. Sicherheitsagenda 57
      2.3.1. Sicherheitsagenda in den Partnerschaftsprogrammen 58
      2.3.2. Auswirkungen der Sicherheitsagenda 60
   2.4. Zwischenfazit 63

3. Entstehung der EU-Partnerschaftsprogramme 65

   3.1. Entstehung der Liberalisierungsagenda 65

      3.1.1. Historischer Kontext der EU-Mittelmeer-Wirtschaftsbeziehungen . 65

      3.1.2. Kerninteressen der Energieversorgung der EU 67

      3.1.3. Kerninteressengebiete der Exportorientierung der EU 70

   3.2. EU-interne Aushandlungsprozesse 76

      3.2.1. Institutionelle Gründe für die Liberalisierungsagenda und den *top-down*-Ansatz 76

      3.2.2. Lobbyarbeit der europäischen Unternehmen bei der EU 78

      3.2.3. Enge Verbindung der Eliten 80

   3.3. Versicherheitlichung der EU-Mittelmeer-Beziehungen 81

      3.3.1. Evolution der EU-Sicherheitsagenda gegenüber dem Mittelmeer ... 81

      3.3.2. Anschläge vom 11. September 2011 und der *Global War on Terror* 82

      3.3.3. Erklärungsansatz für die Versicherheitlichung (*securitization*) 83

      3.3.4. Versicherheitlichung der Beziehungen zum Mittelmeer 85

      3.3.5. Neue Sicherheitsmechanismen und -institutionen 86

      3.3.6. Sicherheitsagenda auf bilateraler Ebene 89

   3.7. Zwischenfazit 92

4. Fazit 95

5. Literaturverzeichnis 99

Abkürzungsverzeichnis

Abb.	Abbildung
ADI	Ausländische Direktinvestitionen
Art.	Artikel
BIP	Bruttoinlandsprodukt
CIA	Central Intelligence Agency
d.h.	das heißt
DCI	Development and Co-operation Instrument
EG	Europäische Gemeinschaft
EIB	Europäische Investitionsbank
EIDHR	European Initiative for Democracy and Human Rights
EMP	Euro-Mediterrane Partnerschaft
ENP	Europäische Nachbarschaftspolitik
ENPI	Europäisches Nachbarschafts- und Partnerschaftsinstrument
EP	Europäisches Parlament
ESS	Europäische Sicherheitsstrategie
EU	Europäische Union
FRONTEX	Europäische Agentur für die operative Zusammenarbeit an den Außengrenzen (Frontières extérieures)
GD	Generaldirektion der Europäischen Kommission
GD RELEX	Generaldirektion für Außenbeziehungen (Directorate-General for the External Relations)
MEDA	Finanzielle und technische Begleitmaßnahmen (Mésures d'accompagnement financières et techniques)
Mio.	Million/Millionen
Mrd.	Milliarde/Milliarden
NATO	Nordatlantikpakt (North Atlantic Treaty Organisation)
NDP	Nationaldemokratische Partei (National Democratic Party)
NGO	Nichtregierungsorganisation (Non-governmental organization)
RCD	Konstitutionelle Demokratische Sammlung (Rassemblement Constitutionel Démocratique)
Tab.	Tabelle
u.a.	unter anderem
UfM	Union für das Mittelmeer
UN	Vereinte Nationen (United Nations)
USA	Vereinigte Staten von Amerika (United States of America)
vgl.	vergleiche
z.B.	zum Beispiel

Abbildungs- und Tabellenverzeichnis

Tab. 1: Freedom House Index Nordafrika 38
Tab. 2: Güterhandel der EU mit Nordafrika 75
Abb. 1: Lager in und um Europa... 89

1. Einleitung[1]

1.1. Problemfeld und Fragestellung

Vor dem Hintergrund der aktuellen revolutionären Vorkommnisse in Nordafrika, die bereits die autoritären Regime von Zine el-Abidine Ben Ali in Tunesien und Husni Mubarak in Ägypten gestürzt, sowie das Regime von Muammar al-Gaddafi in Libyen in einen Bürgerkrieg geworfen haben, scheinen die Regierungen der Mitgliedsstaaten und Vertreter der EU überrascht, bisweilen sogar zynisch den demokratischen Bewegungen vor Ort gegenüber. Zunächst stützten hohe EU-Beamte und die Repräsentanten der Mitgliedsstaaten die autoritären Regime in Tunesien und Ägypten rhetorisch, ehe sie später scheinbar auf die Seite der revolutionierenden Massen einschwenkten und „regime change", wenn auch nur „in geordneten Bahnen", forderten. In Libyen sind einige Staaten der EU, allen voran Frankreich und Großbritannien, in eine Militäraktion zur Beseitigung des herrschenden Regimes (auch wenn dies anfangs verneint wurde) involviert.

Beide Vorgehensweisen konterkarieren auf den ersten Blick die jahrelangen Bemühungen der EU, die nordafrikanischen Staaten über den diplomatischen Weg durch Abkommen und Programme zu demokratisieren. Bisher sind hunderte Millionen Euro[2] in diese Programme zur Demokratieförderung und politischen Stabilisierung geflossen, haben aber offensichtlich nicht die intendierte Wirkung erzielt. Statt eine Demokratisierung einzuleiten, haben die Regime in Nordafrika lange Jahre ihre Macht behauptet und sind erst jetzt durch revolutionäre Bewegungen, deren Existenz und Stärke nicht durch europäische Politakteure beeinflusst waren, in die Bedrängnis geraten. Doch anstatt diese Entwicklung zu begrüßen, haben die europäischen Eliten die Entwicklung mit Sorge betrachtet und wenn überhaupt nur halbherzig unterstützt.

Aus dieser subjektiven empirischen Beobachtung lassen sich zwei hochspannende und für das Verständnis der aktuellen Politpraxis zwischen der EU und ihren nordafrikanischen Nachbarn relevante Fragen ableiten, die eng mitei-

---

1 Aus Gründen der Übersichtlichkeit und Lesbarkeit verwende ich im gesamten Text den grammatikalisch maskulinen Plural für alle Personenbezeichnungen, anstelle anderer Formen wie etwa dem Binnen-I. Gleichsam sollen allerdings sowohl Männer als auch Frauen eingeschlossen sein. Sollte eine dezidierte Unterscheidung nötig sein, so werde ich das an gegebener Stelle kenntlich machen.

2 Die Europäische Initiative für Demokratie und Menschenrechte (EIDHR) besitzt für den Zeitraum 2007 bis 2013 ein Budget von 1,1 Mrd. € allein.

nander verknüpft sind: Warum haben die EU-Demokratisierungsprogramme ihre Ziele nicht erreicht? Und warum wurden die revolutionären, demokratischen Bewegungen in Nordafrika nicht unterstützt? In der vorliegenden Arbeit möchte ich eine Antwort auf diese Fragen geben. M.E. lassen sich zunächst zwei hypothetische Antworten auf die Ausgangsfragen finden: a) die EU hat eine Demokratisierung versucht, ist mit dem von ihr angewandten Instrumentarium allerdings gescheitert **oder** b) die EU hat eine Demokratisierung gar nicht priorität vorgesehen, sondern ist in der Region Nordafrika unter anderen Zielsetzungen vorgegangen. Meiner Ansicht nach lassen sich die hypothetischen Antworten durch eine genaue Betrachtung der Entstehung und Umsetzung der Demokratieprogramme gegebenenfalls bestätigen oder falsifizieren. Ich werde daher einerseits die EU-Partnerschaftsprogramme in Nordafrika auf ihre konzeptionellen Grundlagen, die in ihnen enthaltenen Absichten sowie die angewendeten Instrumentarien hin untersuchen, um beantworten zu können, ob sie überhaupt dazu geeignet waren, die Demokratisierung der Partnerländer in der Region Nordafrika voranzutreiben. Andererseits werde ich fragen, ob die Komponente der Demokratisierung wirklich im Interesse der EU und ihrer Mitgliedsstaaten lag, oder ob andere Interessen in den Beziehungen der EU zur Mittelmeerregion priorisiert wurden. Dazu muss geklärt werden, welche Interessenlagen und Akteurskonstellationen es in der EU in Bezug auf Nordafrika gibt und welche dieser Interessen und Akteure die außenpolitische Agenda gegenüber Nordafrika dominieren. Zu untersuchen wäre überdies, welche Prozesse neben den offiziellen Programmen der EU zwischen Nordafrika und den EU-Mitgliedsstaaten ablaufen, die die Beziehungen der beiden Regionen ebenso fundamental bestimmen und die Demokratisierungsbemühungen der EU möglicherweise konterkariert haben.

1.2. Aufbau der Arbeit und weiteres Vorgehen

Nachdem ein erster Überblick über das Problemfeld gegeben wurde, werde ich im Folgenden einen kurzen Abriss über die Partnerschaftsprogramme der EU in ihrer historischen Einordnung geben (Punkt 1.3). Dabei werde ich mich auf den Zeitraum von 1995, das Jahr der Einrichtung der *Euro-Mediterranen Partnerschaft* (EMP), bis heute konzentrieren und die seit 2004 entwickelte und seit 2007 bestehende *Europäische Nachbarschaftspolitik* (ENP) miteinbeziehen. Einerseits hilft dieser Fokus, den Rahmen der Arbeit nicht zu sprengen, andererseits ist der Fokus auf die EMP auch inhaltlich konsequent, weil sie das erste umfassende Partnerschaftsprogramm mit der Mittelmeerregion darstellt, das aufbauend auf dem *Vertrag über die Europäische Union* aus dem Jahre 1992 entstanden ist. Dann werde ich kurz den Forschungsstand in der politikwissenschaftlichen Literatur zu den EU-Partnerschaftsprogrammen und den Erfolgen ihrer Demokratisierungsbemühungen in den Partnerländern geben (Punkt 1.4). Im Anschluss an den Forschungsstand werde ich in den theoretischen Vorüberlegungen (Punkt 1.5) mein eigenes Erkenntnisinteresse und meinen eigenen wissenschaftlichen Standpunkt erklären (Punkt 1.5.1), ehe ich den theoretischen Ansatz zur Beantwortung meiner Ausgangsfragen darlegen werde (Punkt 1.5.2). Danach gehe ich zur Findung von in dieser Arbeit zu bearbeitenden Arbeitshypothesen über (Punkt 1.5.3).

In Kapitel 2 werde ich die aufgestellten Arbeitshypothesen auf ihren Aussagegehalt hin überprüfen. Dabei sollen die Partnerschaftsprogramme der EU auf ihre Wirksamkeit bezüglich der Demokratisierung der Partnerländer in Nordafrika hin untersucht werden und gegebenenfalls soll festgestellt werden, warum sie ihre Effektivität nicht entfalten konnten. Zunächst wird die technische Ausgestaltung der Partnerschaftsprogramme untersucht (Punkt 2.1), ehe die grundsätzliche Konzeption und ihre Ergebnisse in Nordafrika erforscht werden (Punkt 2.2 und 2.3). Abschließend soll geklärt werden, welche Interessen in den Programmen verwirklich wurden (Punkt 3.1) und wie diese Interesse sich durchgesetzt haben (Punkt 3.2 und 3.3).

Das Fazit in Kapitel 4 wird den Abschluss meiner Arbeit darstellen. Dort möchte ich abschließend klären, welche meiner zu Beginn aufgestellten Thesen bezüglich der Unwirksamkeit der Demokratisierungsbemühungen der Europäischen Union korrekt sind.

Mein regionaler Fokus liegt auf Nordafrika, das heißt in diesem Fall auf den Ländern, mit denen die Europäische Union Assoziationsabkommen unter der EMP und bilaterale Abkommen unter der ENP abgeschlossen hat. Namentlich sind das Marokko, Algerien, Tunesien und Ägypten.[3] Aufgrund des Umfangs und Anspruchs der Arbeit, wird das Hauptaugenmerk auf Tunesien und Ägypten liegen, den zwei Ländern, in denen erst Volksaufstände die Herrscher von der Macht drängen konnten, in kleinerem Umfang werden Erfahrungen und Beispiele aus den anderen Staaten einfließen, um ein möglichst umfassendes Bild in Form einer intraregionalen Vergleichsstudie anbieten zu können. Ich werde vor-

---

3 Libyen stellt eine Ausnahme dar, als es als jahrzehntelanger Pariahstaat nicht an der EMP teilnahm und erst jüngst auf internationalem Parkett rehabilitiert wurde. Die Rehabilitierung des Gaddafi-Regimes fand im Zuge des „Arabischen Frühlings" allerdings durch die NATO-Luftschläge ein schnelles Ende. Für einen Überblick über die Politik des Westens gegenüber dem Gaddafi-Regime vgl. Ingar SOLTY (2011): Krieg gegen einen Integrationsunwilligen? Die politische Ökonomie des libyschen Bürgerkriegs und der westlichen Intervention im Kontext der Krise des globalen Kapitalismus, in: PROKLA (163), S.295–316.

nehmlich mit Sekundärliteratur auf Deutsch und Englisch arbeiten, sowie wo nötig auf Primärquellen wie etwa Dokumente der EU und Daten renommierter Forschungsinstitute zurückgreifen. Französisch und arabischsprachige Literatur ist mir aufgrund fehlender Sprachkenntnisse, solange sie nicht in Übersetzung vorliegt, unzugänglich. Aufgrund des Anspruches und Umfanges der Arbeit wird auch keine Feldstudie oder ähnliches angestrebt.

1.3. Historischer Überblick über die EU-Mittelmeer-Beziehungen

Von 1957 bis 1970/71 gab es nur bilaterale Beziehungen zwischen der EG und den Mittelmeeranrainern. Erste multilaterale Gesprächsforen zwischen EG-Mitgliedsstaaten und den Mittelmeerstaaten waren der *5+5-Dialog* (seit 1990 jährliche zwischenstaatliche Konferenzen zwischen Portugal, Spanien, Italien, Frankreich und Malta sowie Marokko, Mauretanien, Tunesien, Algerien und Libyen, die aber von 1992 bis 2000 durch die Sanktionen gegen Libyen unterbrochen waren), die *Konferenz zur Sicherheit und Zusammenarbeit im Mittelmeerraum* (die die in sie gesetzten Hoffnungen nicht erfüllen konnte) und das *Mittelmeerforum* (seit 1994 jährliche zwischenstaatliche Konferenzen zwischen Portugal, Spanien, Frankreich, Italien Griechenland und Malta sowie Ägypten, Marokko, Algerien, Tunesien und Türkei).

Durch die Verwirklichung des Binnenmarktes 1992/93 war das Mittelmeer zu einer Angelegenheit für alle Mitgliedsstaaten der EU geworden. Obwohl die Kommission bereits im Jahre 1989 eine Initiative zur Erneuerung der Mittelmeerpolitik unternahm, die allerdings wenig Erfolg auf Umsetzung hatte, war die spanische Regierung die treibende Kraft hinter der Intensivierung der Beziehungen zum südlichen Mittelmeer.[4] Spaniens Regierung hoffte darauf, durch die Verteilung ökonomischer Ressourcen an die Region Sicherheit und Stabilität zu erzeugen.[5] Unterstützung erhielt die spanische Regierung vor allem von der

---

4   Vgl. Federica BICCHI (2002): Actors and Factors in European Foreign Policy Making: Insights from the Mediterranean Case, EUI Working Paper 2002/47, San Domenico, S. 20f.
5   Vgl. Carlos ECHEVERRÍA JESÚS (1999): Spain and the Mediterranean, in: Stelios STAVRIDIS [Hrsg.]: The foreign policies of the European Union's Mediterranean states and applicant countries in the 1990s, University of Reading European and international studies, Basingstoke: Macmillan, S.98–112, hier: S. 102f. 1995 unterzeichnete Spaniens Regierung in Tunis ein Freundschafts-, Gute Nachbarschafts- und Kooperationsabkommen mit der tunesischen Regierung. Bereits 1987 war ein Abkommen über militärische Kooperation zwischen beiden Staaten geschlossen worden.

französischen Regierung, die nach der Rückkehr der Rechten an die Macht im Élysée-Palast im Jahre 1993 die Mittelmeerpolitik zur Priorität in der französischen Außenpolitik erklärte.[6]

Die Beziehungen der EU mit den südlichen Mittelmeerländern wurden ab 1995 in der *Euro-Mediterranen Partnerschaft*, auch *Barcelona-Prozess* genannt, organisiert. Die Idee des Prozesses wurde 1994 auf dem EU-Ratsgipfel in Essen angenommen und der Prozess wurde auf dem EU-Ratsgipfel am 27. und 28. November 1995 in Barcelona mit der *Erklärung von Barcelona* gestartet. An der EMP nahmen 1995 die 15 EU-Mitglieder und 12 südliche und östliche Mittelmeeranrainer teil. In Nordafrika wurden zunächst nur Marokko und Tunesien, später auch Ägypten, als potenzielle Partner angesehen, Libyen wurde aufgrund der internationalen Sanktionen ausgeschlossen. Algerien kam wegen des zu dem Zeitpunkt herrschenden Bürgerkriegs ebenfalls nicht in Frage. Tunesien unterzeichnete sein Assoziationsabkommen am 17.07.1995, Marokko (26.02.1996), Ägypten (25.06.2001) und Algerien (22.04.2002) traten später hinzu. Libyen hat bisher keine vertraglichen Beziehungen zur EU, war aber nach dem Ende der internationalen Sanktionen ab 2004 für die EMP vorgesehen. Heute nehmen insgesamt 43 Staaten an der EMP teil (alle 27 EU-Mitglieder und 16 Mittelmeeranrainer). Die bilaterale Zusammenarbeit zwischen der EU und den Partnerstaaten macht etwa 90% der EMP aus, die multilaterale Zusammenarbeit etwa 10% (darunter fallen internationale Foren und Dialoge sowie Regionalprogramme zur Förderung der wirtschaftlichen Integration).[7]

2004 wurde die *Europäische Nachbarschaftspolitik* (ENP) entwickelt, die das Ziel hat, alte und durch die EU-Erweiterung neu hinzugewonnene Partnerstaaten mittels sogenannter bilateraler *Aktionspläne* stärker an die EU zu binden und ihnen, ohne eine Beitrittsperspektive zu eröffnen, dennoch Anreize zu wirtschaftlichen und politischen Reformen zu bieten. Ursprünglich war die ENP für die östlichen Partner gedacht, wurde auf Druck der Regierungen der südlichen Mittelmeerstaaten der EU allerdings auf die Region südlich des Mittelmeeres ausgeweitet. Die ENP spricht dabei auch eine Reihe von Fragen und Problemen an, die von der *Europäischen Sicherheitsstrategie* (ESS) von 2003 aufgeworfen

---

6 Vgl. Laurent MEYREDE (1999): France's Foreign Policy in the Mediterranean, in: Stelios STAVRIDIS [Hrsg.]: The foreign policies of the European Union's Mediterranean states and applicant countries in the 1990s, University of Reading European and international studies, Basingstoke: Macmillan, S.40–72, hier: S. 40f.

7 Vgl. Isabel SCHÄFER (2009): Die EU, der Nahe Osten und Nordafrika: Vom Regionalismus zurück zum Bilateralismus?, in: Annegret BENDIEK & Heinz KRAMER [Hrsg.]: Globale Außenpolitik der Europäischen Union. Interregionale Beziehungen und „strategische Partnerschaften", Internationale Politik und Sicherheit 63, Baden-Baden: Nomos, S.66–93, hier: S. 67-70.

wurden. Diese umfasst prinzipiell die perzipierten Bedrohungen für Europa durch Terrorismus, Massenvernichtungswaffen, organisierte Kriminalität, regionale Konflikte und sogenannte *„failed states"*, in denen durch Staatsversagen die wichtigsten Staatsfunktionen nicht mehr erfüllt werden können. An der ENP nehmen alle nordafrikanischen Staaten der EMP teil, wobei Algerien noch keinen Aktionsplan unterzeichnet hat und Libyen noch kein Assoziationsabkommen unter der EMP, das als Voraussetzung für die Teilnahme an der ENP gilt, ausgehandelt hat. Die übrigen Staaten haben im Jahr 2005 ihre *Aktionspläne* unterzeichnet. Die ENP umfasst heute 16 Nachbarstaaten der EU, ihr größter Schwerpunkt liegt allerdings mit der *Östlichen Partnerschaft* in den ehemaligen Sowjetrepubliken, vor allem der Ukraine.

Im Jahr 2008 wurde die *Union für das Mittelmeer* (UfM), die eine Art Neustart der EMP darstellen und die regional-multilaterale Komponente der ENP stärken soll, von der französischen Regierung ins Leben gerufen. Bisher hat sie allerdings keine Neuerungen gebracht und wird allgemein als gescheitert angesehen.[8]

Seit 1990 hat die EU rund 66 Mrd. € für Nachbarschaftshilfe aufgebracht, davon 13,3 Mrd. € zwischen 1995 und 2013 für die Mittelmeeranrainer.[9] Der Großteil wurde für die Reform des Wirtschaftssektor und der Verbesserung der Regierungs- und Verwaltungsführung aufgewendet. Nur ein kleiner Teil wurde für kulturelle oder ökologische sowie Demokratie- und Menschenrechtsprojekte budgetiert. Die grundlegende Annahme war, dass über die finanzielle Unterstützung der Regierungen in der Region Nordafrika, diese eine wirtschaftliche Liberalisierung der Wirtschaft und im Folgenden eine Öffnung des politischen Systems einleiten würde (*top-down*-Ansatz). Projektgelder wie etwa aus dem EIDHR, die an zivilgesellschaftliche Gruppen gingen, wurden ebenso größtenteils über die Regierungen abgewickelt.[10]

Die Erfolge der Partnerschaftsprogramme sind jedoch ernüchternd. In allen Staaten Nordafrikas sind autoritäre Regime an der Macht geblieben, von denen erst im Jahr 2011 zwei, in Ägypten und Tunesien, durch friedliche Revolutionen der Bevölkerung und eine, in Libyen, durch einen bewaffneten Aufstand und NATO-Intervention beseitigt werden konnten. Doch der Erfolg dieser Demokratiebewegungen steht noch aus. Während offenbar in Tunesien die Revolution

---

8 Vgl. OPEN EUROPE (2011): The EU and the Mediterranean: good neighbours?, London: Open Europe, online verfügbar unter: http://www.openeurope.org.uk/research/enp2011. pdf [15.09.2011], S. 22.
9 Vgl. ebd., S. 5.
10 Vgl. Richard YOUNGS (2006b): Europe's flawed approach to Arab democracy, London: Centre for European Reform, online verfügbar unter: http://www.cer.org.uk/pdf/essay_youngs_arab_democracy.pdf [19.09.2011].

zumindest ansatzweise erfolgreich eine Reform des politischen Systems erzwingt, scheint in Ägypten durch das Militär der Status quo bereits wiederhergestellt und in Libyen die Situation noch höchst undurchschaubar.

1.4. Forschungsstand zu den Demokratieprogrammen der EU

Die Forschungsliteratur zu den Ansätzen der EU für Demokratisierung in Partnerländern scheidet sich in der Erklärung der Effektivität der Ansätze inhaltlich grob in drei Ausrichtungen. Der politikwissenschaftliche Mainstream verfolgt einen eher technischen Ansatz und nimmt die Programme der EU als genuin „gute" Programme wahr, die in ihrer Zielsetzung nicht zu hinterfragen, sondern lediglich in ihrer technischen Umsetzung zu verbessern sind. Eine Übersicht bieten KNODT & URDZE, die bemerken, dass die bisherige Literatur vornehmlich die Frage der Implementierung demokratisierender Maßnahmen betrachtet und hier insbesondere die Faktoren Staatlichkeit, sozioökonomische Determinanten, kulturelle und politisch-historische Faktoren, politisch-institutionelle Faktoren und Akteurskonstellationen in den Zielländern selbst hervorgehoben habe. Vor allem der Einfluss externer Akteure sei bisher wenig beachtet worden.[11] Auch die EU nimmt sich selbst als einen normativ agierenden Akteur wahr, der an der Umgestaltung des internationalen Systems nach allgemeingültigen, solidarischen Kriterien interessiert sei. „The EU acts out of enlightened self-interest just as much as global solidarity."[12]

Die Forscher greifen auf das Konzept der *Zivilmacht* oder das Konzept der *normativen Macht* zurück, nach denen die EU im Gegensatz zu den Nationalstaaten, die im internationalen Selbsthilfesystem ihre eigenen partikularen (Macht-)Interessen verfolgten, keine egoistisch handelnde Institution sei. Sie gehen davon aus, dass diese durch ihren supranationalen Charakter ihre internen Werte von Demokratie, Rechtsstaatlichkeit und Menschenrechtsschutz in andere

---

11 Vgl. Michèle KNODT & Sigita URDZE (2006): Die Europäische Union als Exporteur von Demokratie und Rechtsstaatlichkeit, in: Peter-Christian MÜLLER-GRAFF [Hrsg.]: Die Rolle der erweiterten Europäischen Union in der Welt, Schriftenreihe des Arbeitskreises Europäische Integration e.V. 57, Baden-Baden: Nomos Verlagsgesellschaft, S.385–403, hier: S. 385-391.

12 EUROPÄISCHE UNION (2007b): The EU in the world. The foreign policy of the European Union, Luxembourg: Office for Official Publications of the European Communities, S. 4.

Staaten exportieren wolle.[13] Für diese Forscher ist das Instrumentarium der EU finanziell unzureichend ausgestattet und konzeptionell nicht an den Realitäten vor Ort ausgerichtet. Als Erklärungen für das Scheitern ihrer Ansätze der Demokratisierung in den Partnerländern werden meist folgende Gründe angeboten: a) Widerstand von den Partnerländern (Selbsterhaltungstrieb der Machteliten), b) der Einfluss der Mitgliedsstaaten, die die EU-Strategien verwässern, c) das Scheitern des Nahostfriedensprozesses, d) die Ineffektivität der EU aufgrund ihrer Verfasstheit. Wie KNODT & PRINCEN zeigen, ist dieses Konzept von einem politikwissenschaftlichen Standpunkt nicht befriedigend, weil die Qualität der Institutionen nicht im Zentrum der Diskussion steht, sondern von einem objektivierten subjektiven Standpunkt aus gefragt wird, ob die EU die „richtigen" Politiken verfolge.[14]

Demgegenüber steht die größte Gruppe der Kritiker des Zivilmachtkonzepts, die neorealistische Schule, die in der EU einen rationalen Akteur auf internationaler Ebene sieht, dem entweder gegenüber den Mitgliedsstaaten kaum eigene Entscheidungs- oder Machtkompetenzen zugesprochen werden, oder der selbst seine und die Interessen der Mitgliedsstaaten verwirklichen, d.h. das eigene Überleben im anarchischen internationalen Selbsthilfesystem durch Machtgewinn sicherstellen wolle. Für diese Forscher sind die Demokratisierungsprogramme der EU lediglich ein legitimatorischer Vorwand für kühle Machtpolitik der Mitgliedsstaaten oder auch der EU selbst. Demokratieförderung sei weniger ein genuines Ziel der Außenbeziehungen der EU als ein Instrument, um Sicherheit und ökonomische Prosperität durch die Sicherung von Energieressourcen, Arbeitskräften und neuen Absatzmärkten in den Nachbarregionen zu erreichen.[15] CAVATORTA et.al. konstatieren jedoch, dass obwohl der Barcelona-Prozess meist als gescheitert angesehen wird, weil die EU als ein guter Akteur per se verstanden wird, der demokratische Prinzipien exportieren wolle und dem die Realpolitik in die Quere komme, es stattdessen viel eher sein könnte, dass die Interes-

---

13 Beispielhaft für das Konzept vgl. Bernhard ZEPTER (2009): Strukturen, Akteure und Inhalte der EU-Außenpolitik, in: Annegret BENDIEK & Heinz KRAMER [Hrsg.]: Globale Außenpolitik der Europäischen Union. Interregionale Beziehungen und „strategische Partnerschaften", Internationale Politik und Sicherheit 63, Baden-Baden: Nomos, S. 17–25.

14 Vgl. Michèle KNODT & Sebastiaan PRINCEN [Hrsg.] (2003): Understanding the European Union's external relations, Routledge ECPR studies in European political science 29, London: Routledge, S. 3f.

15 Als Exempel vgl. Elena BARACANI (2010): U.S. and EU Strategies for Promoting Democracy, in: Federiga M. BINDI [Hrsg.]: The foreign policy of the European Union. Assessing Europe's role in the world, Washington, D.C.: Brookings Institution Press, S.303–314, hier: S. 303.

sen der EU-Mitglieder durchaus befriedigt wurden. Zu nennen wären politische Stabilität und kommerzielle Vorteile durch das Hineinregieren in die Partnerländer.[16]

Die dritte Gruppe schließt sich in der kritischen Betrachtung der Demokratisierungsprogramme der EU den Neorealisten an. Sie unterscheidet sich von diesen aber darin, dass sie auch die Interessen der EU und ihrer Mitgliedsstaaten gegenüber den Partnerländern kritisch hinterfragt. Vor allem verwehrt sie sich gegen die Annahme, es gäbe einen direkten, kausalen Zusammenhang zwischen ökonomischer Liberalisierung und darauf folgender politischer Öffnung und Demokratisierung in den Partnerländern. Andere Forscher, die den Ansätzen der Internationalen Politischen Ökonomie zugerechnet werden können, arbeiten die Interessen und Zielkonflikte in den EU-Außenbeziehungen heraus und kritisieren das Handeln der EU als hegemonialer Akteur neben den USA in der internationalen politischen Ökonomie. Sie fokussieren auf die Diskrepanz zwischen Rhetorik und konkretem Handeln von Seiten der europäischen Machteliten. Für sie stellt sich die EU aber nicht als homogenen Akteur und „*black box*" mit konstanten Interessen dar, sondern als heterogener Akteur mit wandelnden Interessensschwerpunkten, die je nach Ausgang des intern ausgetragenen Machtkampfs definiert würden.[17]

1.5. Theoretische Vorüberlegungen

1.5.1. Eigener wissenschaftlicher Standpunkt

Hier, bei den kritischen Ansätzen der Internationalen Politischen Ökonomie, sehe ich einen eigenen Anschlusspunkt für die Analyse der von mir aufgeworfenen Fragestellung. Meiner Ansicht nach können die vorherrschenden Ansätze die Entstehung und die Ergebnisse der Demokratisierungsprogramme der Europäischen Union in Nordafrika nicht adäquat erklären. Die Annahme, die EU sei ein grundsätzlich wohltätiger Akteur erscheint mir vor dem Hintergrund der kapitalistischen Konkurrenzsituation innerhalb der internationalen politischen Ökonomie übersimplifiziert. Gleichsam erscheinen mir der Staatszentrismus ebenso wie die fehlende Beachtung wirtschaftlicher Prozesse und substaatlicher

---

16 Vgl. Francesco CAVATORTA, Raj CHARI & Sylvia KRITZINGER (2006): The European Union and Morocco. Security through authoritarianism?, online verfügbar unter: http://aei.pitt.edu/6784/ [15.09.2011], S. 2–5.

17 Als Exempel vgl. Patrick HOLDEN (2009): In search of structural power. EU aid policy as a global political instrument, Aldershot: Ashgate.

Akteure in den Theorietraditionen des Neorealismus grundlegende soziale und ökonomische Interaktionsprozesse zwischen den Regionen Europa und Nordafrika zu missachten.

Diese Arbeit will daher eine sinnvolle, praxeologische Alternative zu diesen Betrachtungsweisen bieten, indem sie sie um eine sinnvolle Perspektive erweitert: Die EU wird dabei keineswegs als grundlegend gutwilliger Akteur, der auf den Export seiner inneren Werte ausgelegt ist, konzipiert, sondern stattdessen als politischer Akteur, der seinen eigenen Interessen verfolgt. Dabei werden diese Interessen aber nicht statisch als Sicherheitsinteressen deklariert, sondern ob ihrer Inhalte einer genauen Untersuchung unterzogen. Anders als die Theorie des Neorealismus konzipiere ich die EU daher nicht als „*black box*", d.h. als monolithischen Akteur, oder Aushandlungsarena von nationalen Interessen, sondern ihre Politik als Ausguss von politischen Kämpfen unterschiedlicher Akteursgruppen (nationale Regierungen, Europäische Kommission, Lobbygruppen etc.) um Hegemonie. Brechend mit dem Staatszentrismus des Neorealismus wird sich mein Augenmerk auch auf transnational und subnational agierende Interessengruppen und Akteure richten.

Die von mir durchgeführte Untersuchung hat einen emanzipatorischen Impetus und soll einen Beitrag leisten, die Menschen Nordafrikas zu befähigen, ihren Wunsch nach Demokratie eigenverantwortlich adäquat umzusetzen. Die Auswirkungen des Kolonialismus und der Globalisierung sowie die daraus resultierende Integration Nordafrikas in die Weltwirtschaft sind zwar anthropogen, aber ein Umstand, der sich (zumindest vorläufig) nicht ändern wird. Daher nutzen weder Demokratisierungskonzepte auf Basis von normativen Konzepten, die an der Realität in Nordafrika vorbeigehen, noch die Abkehr jeglicher Bemühungen der Unterstützung, die oft als schlussfolgernde Konsequenz aus dem nicht erzielten Ergebnis der Demokratiebemühungen gezogen werden, in irgendeiner Weise weiter. Stattdessen soll es darum gehen, zu erkennen, warum die Demokratisierung in Nordafrika bisher gescheitert ist und dadurch Möglichkeiten zu zeigen, wie dieses in Zukunft besser durchgeführt werden kann.

Ich vermute, dass die Partnerschaftsabkommen mit den nordafrikanischen Staaten zwar technische und konzeptionelle Mängel in Bezug auf die Demokratisierung in Nordafrika aufweisen, dass aber die Art und Weise ihrer Konzeption durchaus erfolgreich im Interesse der beteiligten Akteure, der EU-Vertreter und der nationalen Regierungen, war. Im Bereich der Sicherheit, auf den besonders viel Wert gelegt wurde, und der Öffnung von Räumen für die Penetration durch ausländisches Kapital waren die Programme der EU insofern erfolgreich, als dass die nordafrikanischen Staaten in großem Umfang die Sicherheitsagenda der europäischen Staaten mitgetragen haben und positive Rahmenbedingungen für EU-Wirtschaftsakteure geschaffen wurden. Gleichzeitig haben die herrschenden Eliten in den Ländern Nordafrikas ihre autoritäre Herrschaft bis zum sogenannten „Arabischen Frühling", d.h. den revolutionären Umbrüchen im Frühjahr 2011, durch die bereitwillige Kooperation innerhalb der *Euromediterranen Partnerschaft* weitgehend konsolidieren und legitimieren können.

1.5.2. Praxeologischer Ansatz

Das zentrale Erkenntnisinteresse dieser Arbeit liegt daher in der Aufdeckung der Interessen der EU und der Enthüllung von Ursache-Wirkungsketten, die die effektive Umsetzung ihrer Demokratisierungsbemühungen unterbunden haben. Um dies zu untersuchen, sollen keine schematischen, normativen Konzepte, sondern eine praxisrelevante Untersuchung durchexerziert werden. Im Vordergrund steht die klare Kennzeichnung von für die politische Praxis relevanten Akteuren, ihren realen Interessen und den Machtstrukturen, in die sie eingebunden sind und die ihre Handlungsspielräume determinieren.

Zur Erklärung der Phänomene und Beantwortung meiner Ausgangsfragen werde ich den praxisorientierten Analyserahmen des praxeologischen Ansatzes einsetzen, wie ihn NOUR in der Afrikaforschung fordert.[18] Mit diesem bemühe ich mich darum, weder auf deskriptiver Ebene zu verharren, noch in das Aufstellen von normativen Problemlösungsansätzen zu verfallen. Stattdessen basiert der praxeologische Ansatz auf den Arbeiten PIERRE BOURDIEUS und propagiert einen Methodenpluralismus, der die oft unterstellte Dichotomie qualitativer wie quantitativer Methoden nicht teilt. Dennoch ist die Auswahl der Methoden nicht der Beliebigkeit ausgesetzt, sondern entspringt aus der Fragestellung und daraus folgend direkt aus den Hypothesen, die an den Forschungsgegenstand herangetragen werden. Die Hypothesen sind angenommene Kausalmechanismen, die aus der ersten Annährung mit der Forschungsliteratur entspringen und in der Folge der praxeologischen Arbeit auf ihre Gültigkeit hin untersucht werden. Der Praxeologe ist somit angehalten, jeweils die Methoden und den Erklärungsansatz auszuwählen, die zur Beantwortung seiner Ausgangsfrage und seiner Arbeitshypothesen hilfreich sind. Von den positivistischen Ansätzen übernimmt der praxeologische Ansatz die Arbeitsweise der Hypothesenfalsifizierung und die Nutzung quantitativer Methoden. Dabei werden qualitative und quantitative Methoden komplementär betrachtet.

---

18 Vgl. Salua NOUR (2010): Afrika-Lehre und -Forschung an deutschen Universitäten: ein Pradigmenwechsel tut not, Beitrag zur Tagung über „Entwicklungstheorien reloaded – Stand und Perspektiven der entwicklungstheoretischen Diskussion", Jahrestagung 2010 der Sektion „Entwicklungstheorie und Entwicklungspolitik" der Deutschen Vereinigung für Politikwissenschaft, 15.-17. Juli 2010, Hamburg.

Der praxeologische Ansatz setzt eine systemische, dialektische Sicht auf die Totalität gesellschaftlicher Verhältnisse voraus und erhält sich einen kritischen, emanzipatorischen Charakter. Der Fortgang der Geschichte wird verstanden als ständiges Wechselspiel von gesellschaftlichen Kräften, die sich gegenüberstehen und in dialektischen Interaktionsprozessen ihre Interessen verhandeln. Durch diese Interaktionsprozesse entstehen neue Kräftekonstellationen, die wiederum den Gang der Geschichte bestimmen. Zuvorderst steht die „Erforschung der wirklichen Interessenlage, der Kräfteverhältnisse und der Handlungsspielräume der Akteure, die die Wirklichkeit bestimmen, bevor Strategien zu deren Beeinflussung erstellt werden."[19]

Als zentralen Gegenstand der Betrachtung wird die Arbeit die Beziehung zwischen den politischen und wirtschaftlichen Eliten in der EU und der Nomenklatura in Nordafrika, d.h. die für die politische Praxis relevanten Akteure, untersuchen. In diesem Beziehungsgeflecht aus wirtschaftlichen, politischen und kulturellen Eliten soll sich erklären können, wie Interessen und Zielsetzungen für die Partnerschaftsprogramme mit Nordafrika entstanden sind, wie sie durchgesetzt wurden und welche Auswirkungen sie hatten.

1.5.3. Arbeitshypothesen

Meine **Kernhypothese** zur Beantwortung der erkenntnisleitenden Forschungsfrage lautet: Die von der EU aufgesetzten Programme zur Demokratieförderung haben ihre intendierten Ziele der Demokratisierung in Nordafrika nicht erreicht, nicht etwa durch mangelhafte technische Umsetzung, sondern weil das Konzept der Demokratisierung durch wirtschaftliche Liberalisierung über einen *top down*-Ansatz inadäquat und die Interessen der EU und ihrer Mitgliedsstaaten an politischer Stabilität und ökonomischen Vorteilen in Nordafrika dominant waren.

Zur Untersuchung der Kernhypothese werde ich diese auf sechs zu bearbeitende Arbeitshypothesen herunterbrechen und operationalisieren, die ich dann im Folgenden kritisch zu beleuchten und zu überprüfen versuchen werde. Aus der eingangs gewählten Kernhypothese und der ersten Annäherung an das Problemfeld über den Forschungsstand schließe ich auf folgende sechs Arbeitshypothesen, die in logischer Konsequenz aufeinander aufbauen.

Arbeitshypothese 1: Die EU ist in der Demokratisierung der nordafrikanischen Staaten gescheitert, weil ihre Demokratieprogramme unter technischen Mängeln litten und nicht genügend finanziell ausgestattet waren sowie keine

---

19 Ebd.: S. 12

Konditionalitätsklauseln, die die nordafrikanischen Regierungen zu Reformen gezwungen hätten, enthielten.

Arbeitshypothese 2: Die EU ist in der Demokratisierung nordafrikanischen Staaten gescheitert, weil die Eliten dieser Staaten die Konzepte der *top down*-Demokratisierung durch wirtschaftliche Liberalisierung genutzt haben, sich selbst zu bereichern und unliebsame Opposition auszuschalten.

Arbeitshypothese 3: Die EU ist in der Demokratisierung nordafrikanischen Staaten gescheitert, weil die Eliten dieser Staaten die Sicherheitsagenda der EU und ihrer Mitgliedsstaaten genutzt haben, unliebsame Opposition auszuschalten.

Diese drei Arbeitshypothesen greifen Ergebnisse aus der Forschung auf, reflektieren aber auch meine Vermutungen, dass die Demokratisierungsprogramme der EU in Nordafrika konzeptionelle Schwächen aufweisen, als sie finanziell zu knapp ausgestattet waren und durch die fehlende Anwendung von Konditionalitätsklauseln keine Effekte erzeugten. Zugleich vermute ich, dass die als zwischen Staaten, d.h. zwischen Regierungen, vermittelten Programme die Interessen und Bedürfnisse der zivilgesellschaftlichen Gruppen in Nordafrika ausblendeten. Dadurch mangelte es an Demokratisierung an der Basis, weil über Demokratisierung nur mit der Nomenklatura in den nordafrikanischen Staaten, der nicht an politischem Pluralismus gelegen ist, verhandelt wurde (top-down-Ansatz). Die Gelder für die Demokratisierungsprogramme der EU sind zu großen Teilen über die Regierungen der Partnerländer abgewickelt wurden und daher möglicherweise nur für Programme, die den herrschenden Eliten genehm waren, verwandt worden. Die wirtschaftliche Kooperation und Liberalisierung des Wirtschaftssektors, die in der Vorstellung der europäischen Politakteure politische Öffnung zwangsläufig erzeugen sollten, haben keine Demokratisierung gebracht, sondern vermutlich eher die Einnahmequellen der Elite vergrößert und diversifiziert sowie oppositionelle Kräfte weiter benachteiligt. Ebenso hat die Fokussierung auf die Sicherheitsagenda, die von europäischen Akteuren betrieben wurde, den Machthabern in Nordafrika einen Prätext geboten, die heimische Opposition und zivilgesellschaftliche Gruppen zu drangsalieren.

Arbeitshypothese 4: Der *top down*-Ansatz der Demokratieförderung durch wirtschaftliche Liberalisierung wurde von der EU eingesetzt, weil er im Einklang mit den globalen Interessen der wichtigsten EU-Akteure steht.

Arbeitshypothese 5: Das globale Interesse der wichtigsten EU-Akteure liegt im Bereich der Energieversorgung und Sicherung externer Märkte, weil starke Wirtschaftsakteure sich über Lobbyismus im institutionellen Gefüge der EU durchgesetzt haben.

Arbeitshypothese 6: Sicherheitsakteure in der EU haben ihre Sicherheitsagenda in Nordafrika priorisieren können, weil sie es geschafft haben, die Beziehungen zu den nordafrikanischen Staaten zu versicherheitlichen.

Diese drei Arbeitshypothesen basieren auf weiterer Forschungsliteratur und meiner Vermutung, dass die Öffnung des nordafrikanischen Marktes für europäische Unternehmen zur Exploitation und Investition, die Sicherstellung der Energiezufuhr aus Nordafrika und besonders die Frage der Stabilität und Sicherheit in Nordafrika für Europa (u.a. Abwehr von Migrationsströmen, Fernhalten islamistischer Kräfte von Regierungsgewalt) als primäre Ziele der EU-Partnerschaftsabkommen mit den Staaten des südlichen Mittelmeeres galten. Die Programme sind anscheinend in neuerer Zeit besonders dominiert von sicherheitspolitischen Abwägungen seitens der EU, weil sich auch in der EU besonders nach den Anschlägen vom 11. September 2001 sicherheitspolitische Akteure mit ihrem Diskurs über Sicherheit und Nordafrika als Herd von Unsicherheit durchgesetzt haben. Die Demokratisierungsagenda und konkrete Projekte wurden gegenüber diesen Interessen dagegen marginalisiert.

2. Inhalt und Ergebnisse der EU-Partnerschaftsprogramme

2.1. Konditionalität und finanzielle Ausstattung

Arbeitshypothese 1: Die EU ist in der Demokratisierung der nordafrikanischen Staaten gescheitert, weil ihre Demokratieprogramme unter technischen Mängeln litten und nicht genügend finanziell ausgestattet waren sowie keine Konditionalitätsklauseln, die die nordafrikanischen Regierungen zu Reformen gezwungen hätten, enthielten.

2.1.1. Konditionalität und finanzielle Ausstattung der Partnerschaftsprogramme

Die EMP war zu Anfang in drei „Körbe" unterteilt, die sich eng an dem Prozess der Konferenz für Sicherheit und Zusammenarbeit in Europa orientierten. „Korb I" beinhaltet die Politische und Sicherheitskooperation, „Korb II" die Wirtschafts- und Finanzpartnerschaft und „Korb III" die Zivilgesellschaftliche Partnerschaft im kulturellen und sozialen Bereich. Zum zehnten Jahrestag wurde auf dem Ratsgipfel 2005 der vierte „Korb" mit den Themen Migration, soziale Integration, Justiz und Sicherheit hinzugefügt. Zur Finanzierung der EMP wurden die Finanziellen und technischen Begleitmaßnahmen (Mésures d'accompagnement financières et techniques, MEDA) aufgesetzt. Unter MEDA I wurden von 1995 bis 1999 rund 3,3 Mrd. € vergeben, unter MEDA II waren es von 2000 bis 2006 rund 5,4 Mrd. € 2000-2006. Dazu kamen rund 11 Mrd. € Darlehen von der Europäischen Investitionsbank (EIB).

In die Assoziationsabkommen wurden Menschenrechts- und Demokratieklauseln eingebaut, die besagten, dass die nordafrikanischen Staaten sich zu Menschenrechten und Demokratisierung bekennen würden. Sollten sie sich der Nichteinhaltung schuldig machen, könnten negative Maßnahmen angewendet werden.

Artikel 3 der Regulationsbestimmungen für die MEDA-Programme besagt:

„This Regulation is based on respect for democratic principles and the rule of law and also for human rights and fundamental freedoms, which constitute an essential element thereof, the violation of which element will justify the adoption of appropriate measures."[20]

Obwohl die EMP seit 1995 durch ihren in einigen Bereichen multilateralen, interregionalen Ansatz innovativ war, setzt die 2004 gestartete *Europäische Nachbarschaftspolitik* (ENP) verstärkt auf bilaterale Zusammenarbeit in Form von *Aktionsplänen*, die die EU mit den Partnerstaaten aufsetzt und verhandelt, als Antwort auf die von der EU konstatierten Unzulänglichkeiten der EMP. Bei der Finanzierung hat das *Europäische Nachbarschafts- und Partnerschaftsinstrument* (ENPI) die MEDA-Programme abgelöst. Für das ENPI waren von 2007 bis 2010 rund 5,6 Mrd. € vorgesehen, für die südlichen Partner sollten davon aber nur rund 343 Mio. € bereitstehen. Besonderer Fokus liegt dabei auf den Programmen für *Gute Regierungsführung (good governance)*, die mittels des Instruments der *Governance Facility* unterstützt werden sollen. Die totale Finanzierung für den Zeitraum von 2007 bis 2013 wurde auf fast 12 Mrd. € angehoben und ist damit um 32% höher als für die Budgetperiode 2000-2006. Bei der Geldvergabe ist die EU-Kommission von einem Ansatz der Projekthilfe übergegangen zu einem Ansatz der Budgethilfe, sodass die EU die Gelder stärker über die Regierungen der Partnerländer verteilen lässt.[21] Auch die ENP enthält eine Klausel zur Konditionalität. In ihren *Aktionsplänen*, die - trotz Ähnlichkeit zu den Assoziierungsabkommen der EMP - ergebnisorientierter sein sollen und die Mittelmeeranrainer auch anhand positiver Konditionalitäten durch Anreize für schnellere Umsetzung der Vorgaben im Bereich der Menschenrechte und Demokratisierung belohnen sollen, setzt die ENP auch auf negative Konditionalität.

So heißt es in Art. 7 der Regulation für das ENPI:

„In the event of crises or threats to democracy, the rule of law, human rights and fundamental freedoms, or of natural or man-made disasters, an emergency procedure may be used to conduct an ad hoc review of strategy papers."[22]

---

20 EUROPÄISCHER RAT (1996): Council Regulation on financial and technical measures to accompany (MEDA) the reform of economic and social structures in the framework of the Euro-Mediterranean partnership, in: Official Journal of the European Communities (L 189), S. 1-9, (1488/96), hier: S. 2 (Art. 3).

21 Vgl. Jan ORBIE & Helen VERSLUYS (2009): The European Union's International Development Policy: Leading and Benevolent?, in: Jan ORBIE [Hrsg.]: Europe's global role. External policies of the European Union, Farnham: Ashgate, S.67–90.

22 EUROPÄISCHE UNION (2006): Regulation of the European Parliament and the Council laying down general provisions establishing a European Neighbourhood and Partnership Instrument, in: Official Journal of the European Union (L 310), S. 1-14, (1638/2006), hier: S. 6 (Art. 7(6)).

Neben diesen Partnerschaftsprogrammen erhalten die nordafrikanischen Staaten zusätzlich Gelder aus diversen Programmen, wie dem *Development and Co-operation Instrument* (DCI) oder dem *Twinning*-Programm sowie dem vornehmlichen Instrument der Demokratieförderung der EU, der *European Initiative for Democracy and Human Rights* (EIDHR). Sie hat ein jährliches Budget von rund 150 Mio. €.[23] Für Nordafrika fällt allerdings nur ein kleiner Bruchteil ab. So erhielt Ägypten im Jahr 2011 nur knapp 1 Mio. € für Demokratieförderung, der Großteil der Gelder geht in die Gruppe der afrikanischen, karibischen und pazifischen Staaten, nach Asien, Palästina und die östlichen Partnerstaaten.

Die EU hat in ihren Partnerschaftsprogrammen seit 1990 rund 66 Mrd. € für Nachbarschaftshilfe bereitgestellt, davon allein 13,3 Mrd. € zwischen 1995 und 2013 für die Mittelmeeranrainer. Das Hauptaugenmerk der Programme und ihrer Geldmittel lag auf der Reform des Wirtschaftssektor und der Verbesserung der Regierungs- und Verwaltungsführung. Nur ein kleiner Prozentsatz wurde für Demokratie- und Menschenrechtsprojekte eingesetzt, denn die grundlegende Annahme war, dass über die finanzielle Unterstützung der Regierungen in der Region Nordafrika, diese eine wirtschaftliche Liberalisierung der Wirtschaft und im Folgenden eine Öffnung des politischen Systems einleiten würden (top-down-Ansatz). So wurden die Gelder für Projekte aus MEDA oder dem EIDHR, die an zivilgesellschaftliche Gruppen gingen, größtenteils über die Regierungen der nordafrikanischen Staaten abgewickelt.

2.1.2. Ergebnisse der Konditionalität und finanziellen Ausstattung

Die sichtbaren Erfolge im Bereich der wirtschaftlichen Entwicklung und politischen Öffnung sind eher bescheiden. Es gibt entgegen dem Trend eines anwachsenden EU-Geldstroms, keine signifikante Zunahme transparenter Regierungsführung (Tunesien findet sich auf Platz 59, Ägypten gar auf Platz 98 im *Cor-*

---

23 Die US Agency for International Development hat ein Budget für Demokratiehilfe von rund 1,2 Mrd. US-$. Zwar heißt das nicht automatisch, dass die USA sechsmal so viel Geld ausgeben, weil auf EU-Ebene noch andere Institutionen mit Demokratieförderung befasst sind, genauso wie Institutionen aus den EU-Mitgliedsstaaten. Aber auch in den US-Bundesstaaten und auf privater Ebene gibt es Demokratieförderung. So dass die USA im Vergleich wohl deutlich mehr Geld aufwenden. Vgl. Fabrizio TASSINARI (2009): Why Europe fears its neighbors, Santa Barbara: Praeger Security International, S. 95.

ruption Perception Index von Transparency International).²⁴ Im Gegenteil ist eine völlige Unabhängigkeit der beiden Variablen voneinander zu beobachten.²⁵ Weiterhin erreichen nur rund 2% der Investitionen Europas die Staaten am südlichen Mittelmeer. Im Bereich der Demokratisierung sind keine Fortschritte, teilweise sogar Rückschritte zu beobachten wie die folgende Tabelle anhand des Index von *Freedom House* zeigt. Diese Nichteinhaltung der Reformvorgaben hat die EU nie sanktioniert.

Tab. 1: *Freedom House Index Nordafrika; Legende: PF = Politische Freiheiten; BF = Bürgerliche Freiheiten; Skala von 1 (= sehr frei) bis 7 (= sehr unfrei); Quelle: FREEDOM HOUSE (2010): Freedom House Index, online verfügbar unter: http:// www.freedomhouse.org/template.cfm?page=15 [19.09.2011]*

	1990/91		1995/96		2000/01		2005		2009	
	PF	BF	PF	BF	PF	BF	PF	BF	PF	BF
Ägypten	5	4	6	6	6	5	6	5	6	5
Algerien	4	4	6	6	6	5	6	5	6	5
Marokko	4	4	5	5	5	4	5	4	5	4
Tunesien	5	4	6	5	6	5	6	5	7	5

Obwohl die finanzielle Ausstattung der Partnerschaftsprogramme immer umfangreicher wurden, ist der Großteil der Geldmittel nicht für Demokratisierung, sondern in die Reform der Verwaltungsstrukturen der Regierung und die Reform des wirtschaftlichen Systems geflossen und insgesamt als unzureichend bewertet worden.²⁶ 2002 hat die EU im Mittleren Osten rund 20-mal so viel Geld für den Erhalt historischer Orte ausgegeben wie für Demokratieförderung.²⁷ Neben der Knappheit der Geldmittel für politische Reformen fällt auf,

---

24 Vgl. TRANSPARENCY INTERNATIONAL (2010): Corruption Perceptions Index, online verfügbar unter: http://www.transparency.org/content/download/55725/890310 [19.09.2011].
25 Vgl. OPEN EUROPE (2011): Good neighbours?, S. 8.
26 Vgl. EUROPÄISCHE UNION (1995): Barcelona declaration. Adopted at the Euro-Mediterranean Conference, online verfügbar unter: http://trade.ec.europa.eu/doclib/docs/2005/july/tradoc_124236.pdf [19.09.2011].
27 Vgl. Vincent DURAC (2010): The impact of external actors on the distribution of power in the Middle East: the case of Egypt, in: Francesco CAVATORTA & Vincent DURAC [Hrsg.]: The foreign policies of the European Union and the United States in North Africa. Diverging or converging dynamics?, London & New York: Routledge, S.72–85, hier: S. 78.

dass die durchaus bestehende Konditionalität, mit der die EU gegenüber den Regierungen der nordafrikanischen Staaten den Forderungen nach Einhaltung ihrer Versprechen bezüglich demokratischer Reformen Nachdruck hätte verleihen können, nicht angewendet wurde.[28]

Besonders an der ENP wird bemängelt, dass sie nur ungewollt einige Fehler bezüglich des technischen Instrumentariums der EMP korrigiere, die Instrumente und Anreize aber weiterhin von einer Anzahl von Mythen umgeben seien, die einer realistischen Untersuchung nicht standhielten.[29] Die grundlegende Kritik bleibt, dass die Geldmittel für Demokratisierungsbemühen zu knapp seien und die fehlende Konditionalität Reformbemühungen nicht erfordete. Die Europäische Union hat von Menschenrechtsklauseln und Konditionalität für Demokratiereform niemals Gebrauch gemacht und die Partnerschaftsprogramme ausgesetzt, obwohl Vorgaben zur Demokratisierung und Einhaltung der Menschenrechte von den Nachbarn mehrfach gebrochen wurden. Bisher hat die EU in keinem Fall eine Aussetzung der Partnerschaftsabkommen wegen der Verfehlungen in der Umsetzung politischer Reformen bedacht oder gar beschlossen.[30] CAVARTORTA et.al. stellen für Marokko fest, dass weiterhin finanzielle Hilfe von der EU durch die Kanäle der autoritären Machthaber geschleust wurden, wobei Klauseln zu Menschenrechten und demokratischen Reformen nicht einmal aktiviert wurden und das Assoziationsabkommen niemals ausgesetzt wurde, obwohl Marokko sich eklatante Menschenrechtsverletzungen zu Schulden kommen ließ.[31]

Selbst der ehemalige EU-Außenkommissar Chris Patten stellte einst klar, dass kein direkter Zusammenhang von Menschenrechten und MEDA-Mitteln bestünde.[32] Es mangelt eindeutig an Monitoring und Transparenz bei der Geldvergabe, um die Verwendung der Gelder zu überprüfen und an Willen zur Umsetzung von Konditionalität. Insgesamt blieben die Fonds für politische Refor-

---

28 Vgl. Stelios STAVRIDIS (2004): Democratic Conditionality Clause, Use of Sanctions and the Role of the European Parliament in the Euro-Mediterranean Partnership: A Preliminary Assessment, in: Agora Without Frontiers 9 (4), S.288–306.

29 Vgl. Raffaella A. DEL SARTO & Tobias SCHUMACHER (2005): From EMP to ENP: What's at Stake with the European Neighbourhood Policy towards the Southern Mediterranean?, in: European Foreign Affairs Review (10), S.17–38, hier: S. 19f.

30 Vgl. HOLDEN (2009): Structural power, S. 62f; vgl. auch Viktoriya KHASSON, Syuzanna VASILYAN & Hendrik VOS (2009): 'Everybody Needs Good Neighbours': The EU and its Neighbourhood, in: Jan ORBIE [Hrsg.]: Europe's global role. External policies of the European Union, Farnham: Ashgate, S.217–238, hier: S. 232.

31 Vgl. CAVATORTA, CHARI & KRITZINGER (2006): European Union and Morocco, S. 12.

32 Vgl. Sihem BENSEDRINE & Omar MESTIRI (2005): Despoten vor Europas Haustür. Warum der Sicherheitswahn den Extremismus schürt, München: Kunstmann, S. 31ff.

manstrengungen moderat und Rechtsstaatsprogramme relativ technischer Natur. Sie waren weit weniger ambitioniert als viele oppositionelle Gruppen in den Ländern vor Ort, die für ihre politische Autonomie stritten, es selbst wollten.[33]

Tunesien war der einzige Mittelmeerstaat, der einmalig von der Finanzierung neuer Menschenrechtsmikroprojekte ausgeschlossen wurde. Die EU offerierte 2002 gegen den Willen der Regierung in Tunis neue Zahlungen an die tunesische Menschenrechtsliga (Ligue Tunisienne des Droits de l'Homme). Als die Aktivitäten dieser Gruppe eingeschränkt wurden, protestierte die Kommission und hielt vorläufig Gelder zurück. Tunesien blieb dennoch an zweiter Stelle (nach den Palästinensischen Autonomiegebieten) der Staaten im Mittleren Osten, die am meisten allgemeine Finanzhilfen pro Kopf von der EU erhalten haben.[34] Im Frühjahr 2003 stoppte die EU zwar ebenfalls Zahlungen über 25 Mio. € für Ausbildungsmaßnahmen von tunesischen Richtern, weil die tunesische Regierung von dem Geld nur EDV-Ausrüstung und Immobilien erwerben wollte, anstatt es in die rechtsstaatliche Ausbildung zu investieren. Doch schließlich wurden die Gelder freigegeben, ihr endgültiger Verwendungszweck blieb aber geheim.[35] Oftmals läuft die Geldvergabe in völlig falsche Kanäle. Von internationalen NGOs vorgelegte Projekte zum Schutz der Pressefreiheit in Tunesien wurden abgelehnt und dagegen 2,15 Mio. € zur Förderung der Medien von der EU bewilligt für ein Projekt, das von tunesischen NGOs als Finanzierung des Propagandaapparates kritisiert wurde.[36]

Tatsächlich ist die Geldvergabe für Demokratisierung unter den MEDA- und ENPI-Programmen und im EIDHR zu knapp bemessen gewesen und die fehlende Konditionalität bei Vergehen der nordafrikanischen Autoritäten hat ihre Effektivität vermindert. Doch allein die Anwendungspraxis von Konditionalität und die mageren finanziellen Mittel für Demokratieförderung erklären nicht die grundsätzliche Ineffektivität der Demokratisierungsbemühungen der EU, sondern es ist ein genauerer Blick in die grundsätzliche Konzeption der Programme notwendig.

---

33 Vgl. YOUNGS (2006a): Shadow, S. 103f.
34 Zudem scheint der Schritt, der NGO die Gelder vorenthalten zu haben, eher der Regierung in die Hände gespielt zu haben. Vgl. Richard YOUNGS (2006a): Europe and the Middle East. In the shadow of September 11, Studies on the European polity, Boulder: Rienner, S. 128.
35 BENSEDRINE & MESTIRI (2005): Despoten, S. 109.
36 Zumal die Kommission lediglich die angeblich mangelhafte Ausbildung von Journalisten, nicht die Repression, unter der sie leiden, beheben wollte. Vgl. ebd., S. 182f.

2.2. *Top-down*-Ansatz und Liberalisierungsagenda

Arbeitshypothese 2: Die EU ist in der Demokratisierung nordafrikanischen Staaten gescheitert, weil die Eliten dieser Staaten die Konzepte der *top down*-Demokratisierung durch wirtschaftliche Liberalisierung genutzt haben, sich selbst zu bereichern und unliebsame Opposition auszuschalten.

2.2.1. *Top-down*-Ansatz in den Partnerschaftsprogrammen

Die EU-Zusammenarbeit in Fragen der Reform der politischen und wirtschaftlichen Systeme der Nachbarstaaten basiert auf dem *top-down*-Ansatz, d.h. der Vorstellung, Demokratisierung über die herrschenden Kräfte in die Bevölkerung sickern zu lassen.[37] So stützt sich die EU mit ihrem *top-down*-Ansatz auf die herrschenden Eliten, um mit ihnen, nicht ohne sie, die politische Öffnung zu verfolgen. Zur Umsetzung etablierten die *Euromediterranen Assoziationsabkommen* der EMP einen Assoziationsrat,[38] der sich aus Mitgliedern des Europäischen Rats, d.h. Ministern der nationalen Regierungen der EU-Mitgliedsstaaten, Kommissionsbeamten und Vertretern der nationalen Regierungen der mediterranen Partnerstaaten zusammensetzt. Dieser Assoziationsrat bildet für die Durchführung des jeweiligen Abkommens einen Assoziationsausschuss, der sich aus hohen Beamten der Vertragsstaaten zusammensetzt. Zugleich institutionalisierte der *Politische Dialog* in „Korb I" der EMP regelmäßige Treffen auf Außenminister-, Fachminister-, Beamten- und Expertenebene (Art. 5 der Assoziationsabkommen mit Tunesien und Ägypten). Konkret wurden also die nationalstaatlichen Regierungen als Partner und nur sehr vereinzelt zivilgesellschaftliche Organisationen angesprochen. Eine andere wichtige Institution, die zur Umsetzung von Reformvorhaben eingerichtet wurde, war das Parlamentarische Forum

---

37 Dies ist in der Forschungsliteratur allgemein akzeptiert, für eine andere Einschätzung vgl. Richard GILLESPIE (2004): A Political Agenda for Region-building? The EMP and Democracy Promotion in North Africa, Berkeley: University of California, Institute of European Studies, online verfügbar unter: http://www.escholarship.org/uc/item/3gr3-m8sh [15.09.2011], S. 7. Wie er zu der Einschätzung kommt, bleibt allerdings sehr vage, sodass ihr hier nicht gefolgt wird.

38 Vgl. z.B. Art. 78-86. in EUROPÄISCHE UNION (1998): Europa-Mittelmeer-Abkommen zur Gründung einer Assoziation zwischen der Europäischen Gemeinschaft und ihren Mitgliedstaaten einerseits und der Tunesischen Republik andererseits, in: Amtsblatt der Europäischen Union 41 (L 97), S.2–174, (98/238/EG), hier: S. 18; vgl. auch Art. 74-82 in EUROPÄISCHE UNION (2004): Europa-Mittelmeer-Abkommen zur Gründung einer Assoziation zwischen den Europäischen Gemeinschaften und ihren Mitgliedstaaten einerseits und der Arabischen Republik Ägypten andererseits, in: Amtsblatt der Europäischen Union 47 (L 304), S.39–208, (2004/636/EG), hier: S. 52.

Europa-Mittelmeer, das 240 Vertreter aus drei Delegationen (Parlamentariergruppen aus den Mittelmeeranrainern, Parlamentarier aus dem EP, nationale Parlamentarier der EU-Staaten) umfasst,[39] d.h. größtenteils mit politischen Eliten und Vertretern der Regierungsparteien der arabischen Staaten besetzt ist und ihre Klientel repräsentiert.

Für den „Korb III" der *Sozialen und Kulturellen Zusammenarbeit* stellt beispielsweise der Artikel 70 im Assoziationsabkommen mit Tunesien und Artikel 64 im Assoziationsabkommen mit Ägypten fest, dass auch über soziale Fragen nach den gleichen Bestimmungen verfahren werde. Das bedeutet, dass besonders der Posten der sozialen Fragen auf Regierungsebene, und nicht auf der Ebene der Zielgruppe, d.h. der Zivilgesellschaft, behandelt wird. Dazu passt die Feststellung von SCHUHMACHER, dass die im „Korb III" der EMP geförderten Projekte nur politisch nicht-sensitive Projekte umfasst haben, die besonders religiöse Gruppen, die in den meisten Staaten Nordafrikas die stärkste Oppositionsbewegung darstellen, ausschlossen und nur jene Personen und Gruppen einbezogen, deren Interessen nicht auf eine Änderung der bestehenden Herrschaftsverhältnisse ausgerichtet waren.[40] Der Kreis potenzieller zivilgesellschaftlicher Träger des Demokratisierungsprozesses wurde so verengt, weil nur NGOs, die von den autoritären Regimen anerkannt sind, als Projektpartner fungieren können. Die Regierungen dürfen letztlich entscheiden, wer die der Zivilgesellschaft zugedachten Gelder der EU erhält.

Die ENP hat an diesem Ansatz Nordafrika betreffend nichts Grundlegendes geändert. Auch sie ist stark auf den Staat und die Eliten ausgerichtet, statt auf zivilgesellschaftliche Graswurzelbewegungen, den Privatsektor, private Institutionen für Demokratieförderung oder andere NGOs.[41] Die Beteiligung der Zivilgesellschaft an den Demokratieprogrammen soll im Rahmen der nationalen Gesetzgebung vonstattengehen, die zentrale Zielgruppe für die EU bleiben die Regierungen. Die mit den nordafrikanischen Staaten abgeschlossenen *Aktionspläne* sind, wie auch das Strategiepapier der Kommission belegt, „von der Kommission nach Sondierungsgesprächen mit den betreffenden Ländern [...] vorge-

---

39 Vgl. Micha W. J. WIRTZ (2009): Das Europäische Parlament als außenpolitischer Akteur. Grenzen und Chancen bei der Mitgestaltung europäischer Außenpolitik, Schriften zur Europapolitik 9, Hamburg: Kovac, S. 201f.
40 Vgl. Tobias SCHUMACHER (2005): Die Europäische Union als internationaler Akteur im südlichen Mittelmeerraum. „Actor Capability" und EU-Mittelmeerpolitik, Schriften des Zentrum für Europäische Integrationsforschung 63, Baden-Baden: Nomos Verlagsgesellschaft, S. 373.
41 Vgl. OPEN EUROPE (2011): Good neighbours?, S. 9f.

legt."⁴² Die ENP beinhaltet keine neue operationale Sprache für Demokratiekonditionalität, während in den bilateralen *Aktionsplänen* die Regierungen der südlichen Mittelmeerländer in den Komitees sitzen, die mit dem Monitoring ihrer eigenen Leistung gegen politische Benchmarks beschäftigt sind.⁴³

Die ENP sieht darüber hinaus keine Institutionen und Mechanismen für umfangreiche zivilgesellschaftliche Dialoge vor, sondern fokussiert lediglich auf eine stärkere Durchsetzung der Reformzusagen in den bilateralen Abkommen.⁴⁴ Auf institutioneller Ebene bleibt höchstens die Umwandlung des Euromediterranen Parlamentarischen Forums in eine stärker institutionalisierte Euromediterrane Parlamentarische Versammlung bemerkenswert, auch wenn es sich hier wiederum um eine Institution politischer Eliten handelt.

Doch mit Blick auf eine Stärkung der politischen Opposition hat die EU weiterhin im Großen und Ganzen auf eine Zusammenarbeit mit zivilgesellschaftlichen Gruppen, unter ihnen religiös-politischen Gruppen, wie den moderaten Islamisten, verzichtet. Die EU hat nur mit einer begrenzten Reihe von Organisationen, die offiziell legalen Status erhalten haben, zusammengearbeitet, sodass der große Teil der oppositionellen Meinung ausgeschlossen war.⁴⁵ Dieses bleibt problematisch, weil diese Bewegungen breite Bevölkerungsschichten repräsentieren.⁴⁶ Vorschläge, moderate Islamisten in die Programme aufzunehmen,⁴⁷ wurden von den Regierungen der nordafrikanischen Staaten blockiert, so

---

42 EUROPÄISCHE KOMMISSION (2004): Mitteilung der Kommission. Europäische Nachbarschaftspolitik. Strategiepapier, online verfügbar unter: http://eurlex.europa.eu/LexUriServ/LexUriServ.do?uri=COM:2004:0373:FIN:DE:PDF [20.09.2011], (KOM(2004)373 endgültig), S. 4.
43 Vgl. YOUNGS (2006a): Shadow, S. 113.
44 Vgl. SCHÄFER (2009): Regionalismus zurück zum Bilateralismus?, S. 90.
45 Vgl. GILLESPIE (2004): Political Agenda, S. 7.
46 Diese Bewegungen konnten durch die wirtschaftlichen Probleme in allen Ländern an Zulauf gewinnen. In Ägypten führten die Reformen der Öffnung unter Anwar Sadat zu einer Reduzierung der Staatsausgaben, vor allem auch für Wohlfahrtspolitiken. Der langfristige Effekt war die Eröffnung eines sozio-politischen Vakuums, das von den starken islamistischen Oppositionsbewegungen gefüllt wurde. Vgl. Patrick HOLDEN (2010): Security, power or profit? The economic diplomacy of the US and the EU in North Africa, in: Francesco CAVATORTA & Vincent DURAC [Hrsg.]: The foreign policies of the European Union and the United States in North Africa. Diverging or converging dynamics?, London & New York: Routledge, S.10–27, hier: S. 12.
47 Ein Ansatz, der vom EP, Großbritannien, Deutschland und Spanien bereits verfolgt wird, u.a. von Frankreich aber abgelehnt wird. Vgl. George JOFFÉ (2008b): The European Union, Democracy and Counter-Terrorism in the Maghreb, in: Journal of Common Market Studies 46 (1), S.147–171, hier: S. 162; vgl. auch YOUNGS (2006a): Shadow, S. 108.

ging das meiste Geld der EU-Finanzinstrumente als Budgethilfe direkt an die Regierungen der Partnerstaaten. 2009 erhielten die 2011 gestürzten Regime in Tunesien und Ägypten 80% und 77% der gesamten ihnen zugedachten Zuwendungen als sektorale Budgethilfe.[48] Die EU vergab 2006 rund 2,2 Mrd. US-$ an Entwicklungshilfe insgesamt. Für die Unterstützung von NGOs in dieser Zeitperiode wurde aber nur 0,03% dieser Summe ausgegeben.[49]

2.2.2. Liberalisierungsagenda in den Partnerschaftsprogrammen

Viele europäische Demokratisierungsexperten und Politiker glaubten, dass die Schaffung von ökonomischem Wachstum durch wirtschaftliche Liberalisierung das beste Mittel zur politischen Öffnung in den Partnerländern darstelle. Die EU setzte daher zunächst darauf, das globale Handelssystem zu liberalisieren und die Wirtschaftssysteme in den nordafrikanischen Staaten an die Weltwirtschaft anzupassen, um damit soziale und ökonomische Entwicklung zu stimulieren, sodass darauf aufbauend politische Liberalisierung einsetze.[50] Allein die puren Fakten, dass das Assoziationsabkommen mit Tunesien 57 Artikel zu wirtschaftlichen Fragen, aber nur 3 Artikel zum politischen Dialog und 10 Artikel für soziale und kulturelle Aspekte aufweist und das Assoziationsabkommen mit Ägypten 55 Artikel zur ökonomischen Transition (bei gleichfalls 3 für den politischen Dialog und 9 für soziale und kulturelle Fragen) enthält, deuten auf die Präponderanz der Reformen im wirtschaftlichen Sektor hin. Gleichzeitig sehen die Artikel 6 der Assoziationsabkommen vor, eine Freihandelszone zwischen der EU und den Partnerländern innerhalb einer Übergangsphase von maximal 12 Jahren einzurichten.

Zur konkreten Ausgestaltung der in der EMP vorgesehenen ökonomischen Öffnung sind insbesondere ökonomische Forschungsinstitute im Rahmen eines Euro-Mediterranen Ökonomienetzwerks einbezogen worden, wie etwa das Forum Euroméditerranéen des Instituts de Science Économiques, das 1997 in Marseille gegründet wurde und heute 80 mediterrane Forschungsinstitute umfasst. Seine Aufgabe ist es, die sechs Prioritätsthemen der EMP zu bearbeiten: a)

---

48 Vgl. OPEN EUROPE (2011): Good neighbours?, S. 10f. Die Autoren der Studie fragen sich zu Recht, wie die Gelder die „strikten" Konditionen der Kommission für good governance und Verwaltung passieren konnten. Die Autoren verweisen darauf, dass es zwar keine offizielle Bestätigung der Beiseiteschaffung der Gelder gibt, aber umfangreiche Hinweise auf Korruption und andere Fehlanwendung.
49 Vgl. BARACANI (2010): U.S. and EU Strategies, S. 309.
50 Vgl. HOLDEN (2009): Structural power, S. 52.

Landwirtschaft, b) Güter-, Kapital- und Dienstleistungsverkehr, c) Fiskalpolitik, d) Auswirkungen auf Armut, e) Auswirkungen des Euros und f) Auswirkungen der europäischen Erweiterung. Auf der anderen Seite bilden die Industrieverbände, die sich im UNIMED Business Network zusammenfanden, die praktische Komponente für die Ausgestaltung der wirtschaftlichen Reformen.[51]

Besonders Menschenrechtsaktivisten haben deutliche Kritik an der Vergabe der Gelder der Mittelmeerinitiativen der EU geübt. Die Internationale Föderation der Menschenrechtsligen und das Euro-Mittelmeer-Netz für Menschenrechte kommen zu dem Schluss, dass die wichtigsten Ziele in Sachen Menschenrechte außerhalb der MEDA-Hilfen blieben und diese sich lediglich um wirtschaftliche Reformen und die Umsetzung von ökonomischen Anpassungsmaßnahmen kümmerten, weil die Programme von der einfachen Annahme ausgingen, dass diese Anpassungsmaßnahmen im Rahmen der Wirtschafts- und Haushaltsreform automatisch den Rechtsstaat stärkten.[52]

Weitere Handelserleichterung im bilateralen Handel und tiefere ökonomische Integration zwischen der EU und den südlichen Mittelmeerländern sind zwei Schlüsselziele der ENP. Es ist das Anliegen der EU, ihren internen *gemeinschaftlichen Besitzstand*, den *acquis communautaire*, zu exportieren, weil dieser ihrem Verständnis nach die Einrichtung einer besseren makroökonomischen Umwelt schaffen und so Investmentmöglichkeiten kreieren und einen stabilisierenden Effekt auf die Region haben werde.[53] So heißt es in der ENP-Strategie:

„Regionalhandel und Integration sind anerkannte Ziele der Mittelmeerpolitik der EU, nicht zuletzt wegen der positiven Auswirkungen eines großen Marktes Mittelmeerraum auf die politische und wirtschaftliche Stabilität der Region."[54]

Das Kommissionsstrategiepapier sagt:

„Durch die Heranführung der Partnerländer an das Wirtschaftsmodell der EU sowie die Übernahme bester internationaler Praktiken verbessert die ENP und besonders die vorgeschlagene Ausweitung des Binnenmarkts das Investitionsklima in den Partnerländern. Sie schafft ein transparenteres, stabileres und günstigeres Umfeld für

---

51 Vgl. Babak KHALATBARI (2004): Naher Osten, Nordafrika und die EU im 21. Jahrhundert. Die euro-mediterrane Partnerschaft zwischen Anspruch und Wirklichkeit, Studien zur internationalen Politik, Wiesbaden: Deutscher Universitäts-Verlag, S. 61ff.
52 Vgl. BENSEDRINE & MESTIRI (2005): Despoten, S. 30f.
53 Vgl. KHASSON, VASILYAN & VOS (2009): 'Everybody Needs Good Neighbours', S. 223f.
54 EUROPÄISCHE KOMMISSION (2003b): Mitteilung der Kommission an den Rat und das Europäische Parlament. Größeres Europa - Nachbarschaft: Ein neuer Rahmen für die Beziehungen der EU zu ihren östlichen und südlichen Nachbarn, online verfügbar unter: http://ec.europa.eu/world/enp/pdf/com03_104_de.pdf [20.09.2011], (KOM(2003) 104 endgültig), S. 5.

ein vom Privatsektor angetriebenes Wachstum. Infolge des günstigeren politischen Umfelds, fallender Handels- und Transaktionskosten, relativ attraktiver Lohnkosten und geringerer Risiken wird eine positive Auswirkung auf den Zufluss ausländischer Direktinvestitionen erwartet."[55]

Die Partnerländer unterzeichneten bilaterale Assoziierungsabkommen mit der EU, die einen graduellen Übergang zum Freihandel in allen Sektoren, außer dem von der EU traditionell geschützten Sektor der Landwirtschaft, einleiten sollten. Der Marktzugang, der den nordafrikanischen Staaten bereits in der EU gewährt wurde, sollte jetzt reziprok sein. Dabei wurde gerade mit Blick auf US-Investitionen versucht den Anteil von EU-Auslandsdirektinvestitionen (ADI) in Nordafrika zu erhöhen. EU-Investitionen sind inzwischen dominant in Tunesien und Marokko, in Ägypten nehmen sie gegenüber den amerikanischen immer mehr zu.[56]

2.2.3. Ergebnisse des *top-down*-Ansatzes

Das zentrale Problem des *top-down*-Ansatzes der EU bei der Unterstützung von NGOs und Oppositionsgruppen in Partnerländern besteht darin, dass die Gelder von den Regierungen der Partnerländer meist nur an Gruppen vergeben wurden, die bei ihnen akkreditiert waren. Die Unterstützung von unabhängigen NGOs wurde dadurch enorm schwierig, dass die nordafrikanischen Regime die NGOs in ihren Ländern überwachten und in ihrer Funktion behinderten. In Tunesien standen viele NGOs in direkter Abhängigkeit zum Regime, weil sie sich durch das Innenministerium offiziell legalisieren lassen mussten. Dafür mussten sie u.a. Einmischungen in die Zusammensetzung der Leitungsebene hinnehmen.[57] In Ägypten wurde 1999 ein Gesetz erlassen, das für alle NGOs die Registrierung beim Ministerium für Soziale Angelegenheiten erfordert. Es spezifiziert auch diejenigen Felder, in denen sie nicht aktiv werden dürfen, vor allem im politischen Bereich. 2002 wurde ein weiteres Gesetz erlassen, dass dem Ministerium erlaubte, die Lizenzierung von NGOs zu untersagen, deren Führungsebene zu beeinflussen oder die Organisation gar komplett aufzulösen, wenn sie eine Gefahr für die nationale Sicherheit darstellte.[58] Nicht nur NGOs, auch die von der

---

55 EUROPÄISCHE KOMMISSION (2004): Europäische Nachbarschaftspolitik, S. 14-15.
56 Vgl. HOLDEN (2010): Security, power or profit, S. 26f.
57 Vgl. BENSEDRINE & MESTIRI (2005): Despoten, S. 89–92. Eine Tranche der EIDHR an die tunesische Menschenrechtsliga wurde 2003 unter dem Vorwand, die NGO habe nicht die erforderlichen Genehmigungen vorgelegt, von der tunesischen Regierung blockiert.
58 Vgl. DURAC (2010): Impact of external actors, S. 75.

EU finanziell stärker bedachten Oppositionsparteien wurden von den herrschenden Eliten der nordafrikanischen Staaten manipuliert. Bei der Unterstützung von Reformen über die Regierungspartei und die Oppositionspartien wird übersehen, dass die unteren Klassen der Bevölkerung nur ein „*captive voting block*"[59] für die herrschenden Parteien blieben, weil sie zu nahe am Abgrund lebten, um wirkliche Oppositionsparteien zu unterstützen, die keinen Zugang zu den Patronagesystemen des Staates hatten. Neue Parteien in Ägypten mussten sich zudem vor dem Komitee für Angelegenheiten Politischer Parteien anmelden und in ihrer Arbeit Regeln folgen (u.a. niemals öffentlich mobil zu machen), die sie in der ihnen eigentlich angedachten Rolle als Opposition behinderten. Oppositionspolitiker und Gewerkschaftsoffizielle wurden immer wieder auch mit finanziellen Anreizen in den Dienst des Staates gelockt. 2004 waren 21 von 23 Köpfen der Ägyptischen Handelsunionföderation Mitglieder der herrschenden NDP, was viele Arbeiter ohne echte Repräsentation ließ.[60]

Ein anderes Problem ist, dass die Programmgelder, die über die nordafrikanischen Regierungen verteilt wurden, von diesen in eigens geführte NGOs flossen, weil den Regierungen gestattet wurde, den Diskurs und die Praxis der Demokratieförderung zu kooptieren. So wurden sogenannte *Government organised NGOs* gegründet, um die Gelder der Geberländer abzugreifen und die Arbeit der unabhängigen NGOs zu sabotieren und so zur Herrschaftsstabilisierung beizutragen.[61] Die ehemalige First Lady Ägyptens Suzanne Mubarak hat sogar internationale Konferenzen von NGOs vorgesessen.[62] Immer wieder wurde die Zivilgesellschaft durch Unterwanderung behindert. Offiziell gab es in Tunesien vor dem Sturz Ben Alis zwar über 8.400 Vereinigungen, aber viele existierten wohl nur, um unabhängige NGOs in ihrer Arbeit zu behindern. Immer wieder seien, wie BENSEDRINE & MESTIRI ausführen, falsche NGOs auf Tagungen erschienen und hätten versucht, deren Tagesordnungen einzugrenzen und politisch sensible Themen auszusparen.[63]

---

59 Stephen J. KING (2009): The new authoritarianism in the Middle East and North Africa, Indiana series in Middle East studies, Bloomington: Indiana University Press, S. 9 [Kursivsetzung durch den Verfasser].

60 Vgl. Philip MARFLEET (2009): State and society, in: Rabab EL-MAHDI & Philip MARFLEET [Hrsg.]: Egypt. The Moment of Change, London & New York: Zed Books, S.14–33, hier: S. 26–29.

61 Vgl. André BANK (2006): Die Nah- und Mittelostpolitik der EU: Kontrollstrategien im zivilen Gewand, in: Tobias PFLÜGER & Jürgen WAGNER [Hrsg.]: Welt-Macht EUropa. Auf dem Weg in weltweite Kriege, Hamburg: VSA, S.164–174, hier: S. 167.

62 Vgl. Sheila CARAPICO (2002): Foreign Aid for Promoting Democracy in the Arab World, in: The Middle Eastern Journal 56 (3), S.379–395, hier: S. 391.

63 Vgl. BENSEDRINE & MESTIRI (2005): Despoten, S. 89–92.

Um die Arbeit von NGOs weiter zu erschweren und selbst Zustimmung und Legitimation beim Volk zu erlangen, hat sich die Nomenklatura Nordafrikas in vielen Fällen auf erzwungene Wohltätigkeit verlassen. Die auf sozialem Gebiet tätigen NGOs sollten nutzbar gemacht werden, während die politisch aktiven sich einer Art Selbstzensur unterziehen sollten, um in den Genuss von staatlicher Unterstützung und Anerkennung zu gelangen. In Ägypten zwang das Regime von Mubarak reiche Privatunternehmer zu vom Staat betriebenen Wohltätigkeitsprogrammen beizusteuern.[64] In Tunesien ist der *Fonds für Nationale Solidarität (Fonds 26/26)*, der eine Art Sondersteuer für Unternehmen, Beamten und Freiberuflern darstellt, vom Regime eingerichtet worden. Der größte Teil des Geldes ging in eine schwarze Kasse in der Verfügungsgewalt von Ben Ali, der damit Projekte in seinem Namen finanzierte. Durch den Fonds hatte Ben Ali den Staat in Arbeitsfelder eindringen lassen, die vornehmlich NGOs vorenthalten waren, und ließ sich und die RDC als Erbringer von Sozialdienstleistungen und Sicherheit erscheinen.[65] Die Kasse entstammte der Ansicht der herrschenden säkularen Elite, dass Sympathie und Rekrutierungsoptionen für Oppositionsbewegungen durch die Verarmung des urbanen Raums entstünden. Das Projekt war zwar relativ erfolgreich, indem es die Armut im verarmten urbanen Raum senkte und die Lebensbedingungen, besonders in den großen Städten, verbesserte.[66] Gleichzeitig sind weite Teile des ländlichen Raums ausgespart geblieben.

Eine dritte Strategie war für die Eliten der nordafrikanischen Staaten schließlich immer die gewaltsame Unterdrückung des Geldflusses aus der EU und ihrer Empfänger, den Oppositionsbewegungen. Die Demokratievermittler aus der westlichen Welt sind oft als „ausländische Agenten" angegriffen worden und die Einmischung von außen wurde seit langem von den herrschenden Regimen genutzt, um sich als Verteidiger der „nationalen Souveränität" zu gebaren. In Ägypten wurde die Verteidigung der Bevölkerung von der „bösartigen" Arbeit der lokalen NGOs, die von ausländischem Einfluss „durchtränkt" seien,

---

64 Vgl. Edda STROHMAYER (2007): Stabilität, Friede und Demokratie im Nahen Osten? 25 Jahre Ägypten unter Hosni Mubarak, Nomos Universitätsschriften Politik 147, Baden-Baden: Nomos, S. 133; vgl. auch KING (2009): New authoritarianism, S. 14.

65 Vgl. BENSEDRINE & MESTIRI (2005): Despoten, S. 93–95; Brieg Tomos POWEL (2010): The stability syndrome: US and EU democracy promotion in Tunesia, in: Francesco CAVATORTA & Vincent DURAC [Hrsg.]: The foreign policies of the European Union and the United States in North Africa. Diverging or converging dynamics?, London & New York: Routledge, S.55–69, hier: S. 68.

66 Vgl. Larbi SADIKI (2008): Engendering Citizenship in Tunisia. Prioritizing Unity over Democracy, in: Yahia H. ZOUBIR & Haizam AMIRAH-FERNÁNDEZ [Hrsg.]: North Africa. Politics, region, and the limits of transformation, London: Routledge, S.109–132, hier: S. 126f.

propagiert.[67] Inländische NGOs und Denkfabriken wurden mit Polizeigewalt und juristischen Prozessen kleingehalten. In Ägypten ist beispielsweise das Ibn Khaldun Zentrum, eine bekannte Denkfabrik, 2001 wegen angeblicher Staatsbeleidigung angeklagt und sein Direktor zu sieben Jahren Haft verurteilt worden. Das Urteil wurde erst 2003 aufgehoben und das Institut wieder eröffnet.[68]

Die in der EMP und ENP eingerichteten Institutionen auf Regierungs- und Elitenebene kämpfen zudem mit dem Problem, dass Initiativen zur Demokratisierung immer wieder von den Politikern aus den nordafrikanischen Staaten blockiert werden. In der Euromediterranen Parlamentarischen Versammlung blockierten die arabischen Politiker scharf formulierte Deklarationen bezüglich einer Anzahl von Akten der politischen Repression, wie etwa bei der Verhaftung des ägyptischen Oppositionsführers Ayman Nour.[69]

2.2.4. Auswirkungen der Liberalisierungsagenda

2.2.4.1. Auswirkungen in Nordafrika

Außer der einmaligen Umsetzung von Privatisierungen in Wellen sind ADI in Nordafrika sehr niedrig geblieben. Heute fließen die meisten ausländischen Direktinvestitionen, die nach Nordafrika gehen, in den Kohlenwasserstoff- und Energiesektor (Erdöl und Erdgas vor allem), sowie den Montansektor. Die EMP hat wenig daran geändert: Der Anteil Nordafrikas an allen ADI sank von 11,6% (1990) auf 3,3% (1997).[70] Die EU stellt fest, dass die mangelnde Infrastruktur und die schleichende Implementierung der Reformen Investitionen in anderen Bereichen vereitelten. 2002 haben Marokko, Tunesien, Algerien und Ägypten zusammen nur 2,9 Mrd. US-$ an ADI angelockt. In Algerien wie in Ägypten geht dabei der größte Anteil in den Energiesektor, aber Investitionen hier haben wenige Auswirkungen auf die allgemeine Entwicklung der Wirtschaft. Der exportorientierte und kapitalintensive Energiesektor erzeugt kaum *spillover*-Effekte oder Verknüpfungen mit anderen Sektoren und heimischen Unternehmen. Der Kohlenwasserstoffsektor ist hoch kapitalintensiv und benötigt nur wenig Arbeitskraft, die meist durch hochqualifizierte Fachkräfte aus den Heimatländern der Exploitationsunternehmen gestellt wird. So kommt es, dass beispiels-

---

67 Vgl. DURAC (2010): Impact of external actors, S. 82f.
68 Vgl. CARAPICO (2002): Foreign Aid, S. 392f.
69 Vgl. YOUNGS (2006a): Shadow, S. 108.
70 Vgl. Jeremy H. KEENAN (2006): Security and Insecurity in North Africa, in: Review of African Political Economy 33 (108), S.269–296, hier: S. 279; vgl. auch HOLDEN (2010): Security, power or profit, S. 12.

weise Algerien, das ölreichste Land in der Region die höchste Arbeitslosigkeitsrate aufweist. Der Agrarsektor in Algerien wurde durch die von den Eliten in den Konsum gesteckte Ölrente, komplett vernachlässigt und auch der Tourismussektor wurde nicht wie in den anderen Staaten entwickelt, weil der Privatsektor aus Angst vor seiner Unkontrollierbarkeit von den Eliten unterdrückt wurde. In Libyen finanzierten die Ölgewinne zwar einige große Infrastrukturmaßnahmen wie das Great-Man-Made-River-Projekt zur Trinkwasserleitung aus der Sahara in die Metropolregionen und seit 2005 auch den öffentlichen Wohnungsbau, ansonsten gingen die Gewinne wie auch in Algerien in den nichtwohlstandgenerierenden Konsum der Machthaber.[71]

Im Kohlenwasserstoffsektor haben die nordafrikanischen Staaten verstärkt *joint ventures* eingerichtet, um direkt von den Investitionen zu profitieren. Den privaten Sektor haben die Eliten der südlichen Mittelmeerstaaten bisher aus dem hochprofitablen Sektor herausgehalten. Bei diesen Unternehmen handelt es sich oft weder um Privatfirmen noch um Staatsunternehmen, sondern um Firmen, die von durch politische Eliten eingesetzten Strohmännern vertreten werden. So werden wichtige öffentliche Monopolstellungen durch Firmen betrieben, die nur *de jure* keine Staatsunternehmen mehr sind. Solche Unternehmen eignen sich für Nepotismus und illegale Aktivitäten, etwa für Drogenhandel im Schutze des Diplomatenstatus.[72] Eines der bekanntesten Beispiele stammt aus Tunesien. Die „*couscous connection*" genannte Organisation von Habib Ben Ali, dem Bruders von Staatspräsident Ben Ali, wurde 1992 wegen des Schmuggels von Drogengeldern unter diplomatischer Immunität in Frankreich vor Gericht gebracht und ihr Vorsitzender in Abwesenheit zu zehn Jahren Gefängnis verurteilt.

Im Januar 2005 lief das Welttextilabkommen aus und Textilexporte in die EU, eine der Säulen der Wirtschaften des südlichen Mittelmeerraums, sind kollabiert. Auch bei der Umsetzung des Besitzstandes der EU gibt es Probleme für einen Großteil der Bevölkerung in Nordafrika. Die Mehrheit der industriellen Unternehmen in fast allen südlichen Mittelmeerländern sind familiengeleitete Fertigungsunternehmen mit weniger als 10 Angestellten. Diese Firmen sind gekennzeichnet durch eine geringe Kapitalausstattung, den Einsatz von Familienmitgliedern als Arbeitskraft, die seltene Nutzung von technologieintensiven Produktionsweisen, einem Unternehmensmanagement basierend auf Familien-

---

71   Vgl. für die Ausführungen Susanne PETERS (2004): Explaining EU Hegemony towards the Mediterranean: Theory Deficits through the Negligence of „Natural Ressources", Paper presented to the 45th Annual ISA Convention, 17.-20. März 2004, Montreal, S. 11f; vgl. auch Bradford DILLMANN (2001): Facing the Market in North Africa, in: The Middle Eastern Journal 55 (2), S.198–215, hier: S. 202; vgl. auch KEENAN (2006): Security and Insecurity, S. 287ff

72   Vgl. KHALATBARI (2004): Naher Osten, S. 60.

strukturen und informellen Geldtransfers. Sie sind weder im Besitz von relevanten finanziellen und technologischen Ressourcen, noch haben sie die relevante Expertise ihre Produktionsstandards an die wechselnden Marktbedingungen, die bei der Annahme des *acquis communautaire* entstehen würden, anzupassen.[73]

Auch der interregionale Handel zwischen der EU und Nordafrika ist kaum verbessert worden. U.a. in der Landwirtschaft gibt es noch signifikante Handelshemmnisse, weil die EU es vorzieht, den kleinen EU-Landwirtschaftssektor mit Subventionen zu schützen, anstatt nordafrikanische Erzeugnisse vollständige Wettbewerbsfähigkeit auf dem europäischen Binnenmarkt einzuräumen. So ist der Marktzugang zwischen den Regionen nur teilweise reziprok. Die sozio-ökonomischen Bedingungen in den Partnerländern haben sich verschlechtert, u.a. weil die EU-Agrarpolitik den Produzenten in den Partnerländern hohe Einkommensbußen bescherte. Mit der Liberalisierung und dem Freihandel wurde ein hochasymmetrisches Handelssystem eingerichtet, das die EU durch die Exklusion für die EU wichtiger Wirtschaftssektoren wie dem Agrarsektor privilegiert, während die Mittelmeerstaaten durch die eingerichteten Zollsenkungen, die zudem der heimischen Industrie schaden, bedeutende Ausfälle in den Staatseinnahmen hinnehmen müssen.[74] Algerien, Marokko und Tunesien profitieren vom präferentiellen Zugang zum EU-Markt und den Regeln der Herkunft, nach denen sie Importe durch Weiterverarbeitung bevorzugt in die EU liefern können. Ägypten und andere Staaten dagegen ist es nur gestattet, eigene Produkte und jene aus dem sog. Pan-Euro-Mediterranen-Gebiet, die sie weiterverarbeitet haben, präferentiell in die EU zu exportieren. Einen Abbau der komplexen Kumulationsregelungen in der Region haben die EU-Mitgliedsstaaten bisher nur in Aussicht gestellt.[75] Die von der EU geforderte Handelsliberalisierung im Dienstleistungssektor erstreckt sich fast nur auf Finanzdienstleistungen, in denen die südlichen Mittelmeerstaaten nicht mithalten können.[76]

Insgesamt lässt sich feststellen, dass die wirtschaftlichen Reformen für die Wirtschaften und die Bevölkerung Nordafrikas kaum Vorteile brachten, stattdessen hat die Liberalisierung der Wirtschaft, verbunden mit der Privatisierung von Staatsbetrieben den Herrschern in Nordafrika neue Ressourcen für ihre Patronagenetzwerke gegeben, um eine neue herrschaftsstabilisierende Koalition aus

---

73 Vgl. DEL SARTO & SCHUMACHER (2005): From EMP to ENP, S. 34f.
74 Vgl. PETERS (2004): EU Hegemony, S. 12.
75 Vgl. OPEN EUROPE (2011): Good neighbours?, S. 16–18.
76 Vgl. Alfred TOVIAS (2010): The EU and the Mediterranean Nonmember States, in: Federiga M. BINDI [Hrsg.]: The foreign policy of the European Union. Assessing Europe's role in the world, Washington, D.C.: Brookings Institution Press, S.169–182, hier: S. 172–174.

Unternehmern im Privatsektor, ruralen Großgrundbesitzer, dem Offizierskorps und hohen Staatsbeamten, die von der Privatisierung profitierten, zu bilden. So sind besonders die Eliten Gewinner der ökonomischen Teilliberalisierung, deren Umsetzung die EU den Eliten und ihre Günstlingsnetzwerke anvertraut hat. Die Umsetzung hat für die breite Bevölkerung eine weitere Verschärfung der sozioökonomischen Situation bewirkt.[77] Obwohl eine neue Klasse von Privatunternehmern entstanden ist, haben diese nicht demokratische Reformen eingefordert, sondern ihr ökonomisches Wohlbefinden und ihre Aufstiegschancen in der Politik eng an die Regierungsparteien geknüpft. So ist die Abhängigkeit des privaten Sektors durch Kooptation durch die Nomenklatura eher gestiegen, weil die privaten Akteure auf autoritative Zuweisungen von Ressourcen aus der Politik angewiesen waren.[78]

2.2.4.2. Auswirkungen in Ägypten

Zunächst wurde recht vorsichtig privatisiert, um die Ressourcenzuflüsse des Staates nicht zu gefährden. In Ägypten waren das anfänglich vor allem leichte Industrien, Zement- und Baumaterialproduzenten, Dienstleistungen, Transport, Hotels und Tourismuseinrichtungen. Ausgenommen waren bis Anfang der 2000er-Jahre große Einnahmequellen des Staates, wie Schwerindustrie, Banken, Versicherungen, Kohlenwasserstoff- und Phosphatindustrien, Fluglinien, der Suez-Kanal, Eisenbahnen und Telekommunikation. Oftmals sind öffentliche Holdings eingerichtet worden, die sich an den privatisierten Firmen beteiligten, sodass sie nur offiziell privatisiert wurden.[79] Auch einige bereits zuvor dem Militär gehörende Unternehmen wurden von der Privatisierung zunächst ausgespart. Das Militär selbst positionierte sich in der Mitte des Staates und des privaten Sektors, um von beidem zu profitieren. Die hohen Offiziere wollten von den bestehenden Rentenströmen und den erhofften ADI profitieren und so erweiterten sie ihre ökonomischen Tätigkeiten auf die Felder der Waffenproduktion und -beschaffung, Schuhindustrie, Landwirtschaft, Nahrungsmittelverarbeitung und Dienstleistungen wie Luftfahrt, Sicherheit und Tourismus. Die Ar-

---

77   Vgl. KING (2009): New authoritarianism, S. 4–5; vgl. auch SCHUMACHER (2005): Internationaler Akteur, S. 372.
78   Vgl. DILLMANN (2001): Facing the Market, S. 212–213. Investmentagenturen des Staates wurden gegründet, die Geschäftsmänner mit Zuwendungen belohnt haben, die sich regierungstreu zeigten. In Tunesien ist das die Agence de Promotion de l'Industrie und in Ägypten die General Authority for Investment and Free Zones.
79   Vgl. ebd., S. 207.

mee expandierte in die interne Sicherheit hinein, wo sie die Kontrolle über wichtige paramilitärische Kräfte, etwa die Sicherheitspolizei erhielt.[80]

Mubarak und sein Regime setzten seit Mitte der 1990er-Jahre Privatisierungen intensiv um. Elektrizität, Wasser, das Abwassersystem, Bewässerung, das Gesundheitssystem, Transport, Telekommunikation und Bildung wurden alle zu unterschiedlichen Graden privatisiert.[81] Im Jahre 2009 waren die meisten Staatsunternehmen allerdings zum Vorteil der urbanen ökonomischen Eliten verkauft und die Landpachtrechte an die Großgrundbesitzer zurückgekehrt. Denn mit der *Politik der Offenen Tür* und folgenden Privatisierungs- und Liberalisierungswellen unter Aufsicht des IWF, der Weltbank und den Anforderungen in den EU-Verträgen sind eine Anzahl privater Monopole oder Beinahemonopole entstanden. Der ägyptischen Privatisierung fehlte der nötige Regelrahmen, um zu verhindern, dass die meisten Staatsunternehmen unter ihrem Wert verkauft wurden. 2000 hatte die Regierung nach eigenen Angaben 138 Staatsunternehmen für nur 8 Mrd. US-$ verkauft. Einige wurden für weniger verkauft, als das Land wert ist, auf dem sie stehen.[82] Bei den Verkäufen wurden besonders jene Gruppen bedacht, die in enger Beziehung zu den herrschenden Machthabern standen. Zu ihnen gehören u.a. die Sawiris-Familie, Besitzer von *Orascom*, dem ersten multinationalen Konzern des Landes sowie Achmed Ezz, ein Freund von Mubarak, der mehr als 50% des Eisenmarktes kontrolliert, und Achmed Bahgat, der mehr als 31% des Fernsehmarktes kontrolliert. Letztere bauten ihre Firmenimperien nach dem günstigen Kauf ehemaliger Staatsunternehmen auf.[83] Bei der Privatisierung der Ägyptisch-Amerikanischen Bank verlor der Staat rund 37 Mio. €, als zwei Minister die Institution kauften. 2004 wurde der Durchschnittszoll auf Importe auf 9% reduziert. Der Staat verlor rund 350 Mio. €, während die Inlandspreise für die Produkte nicht gesenkt wurden, sondern die Gewinne in die Taschen der Importeure flossen.[84] Wie BROWNLEE für Ägypten zeigt, sind diese

---

80 Vgl. Steven A. COOK (2007): Ruling but not governing. The Military and Political Development in Egypt, Algeria, and Turkey, Baltimore: Johns Hopkins University Press, S. 80f; vgl. auch Roger OWEN (2000): State, power and politics in the making of the modern Middle East, 2. Auflage, London: Routledge, S. 203. Alle diese Unternehmungen wurden zu großen Teilen vom nationalen Budget subventioniert.
81 Vgl. Rabab EL-MAHDI & Philip MARFLEET [Hrsg.] (2009): Egypt. The Moment of Change, London & New York: Zed Books, S. 4f. 2007 hat die Weltbank Ägypten und das Regime von Mubarak als besten Reformer der Welt gelobt.
82 Vgl. für die Ausführungen MARFLEET (2009): State and society, S. 30f.
83 Vgl. KING (2009): New authoritarianism, S. 114f.
84 Vgl. Ahmad EL-SAYED EL NAGGAR (2009): Economic policy: from state control to decay and corruption, in: Rabab EL-MAHDI & Philip MARFLEET [Hrsg.]: Egypt. The Moment of Change, London & New York: Zed Books, S.34–50, hier: S. 40–46.

neuen Geschäftsmänner auch in der Regierungspartei aufgestiegen, und haben gerade nicht das System herausgefordert. Die NDP hat sich selbst zu einer Partei der ökonomischen Eliten gewandelt. Nach den Wahlen im Jahr 2000 nahmen 120 prominente ökonomische Eliten als Repräsentanten der NDP ein Amt ein.[85]

Besonders bei der Privatisierung des Landes in Ägypten[86], bei der die Sequestrierung des Landes unter Nasser rückgängig gemacht wurde, wurden die herrschenden Patronagenetzwerke gestärkt. 1992 wurden die Pachtrechte beschnitten, die die Freien Offiziere 1952 bei ihrem Putsch eingeführt hatten. Dabei wurden größere Sicherheiten für die Landbesitzer sichergestellt, einer Klasse, die der NDP eng verbunden war. Die Landeliten und die Unternehmerklasse haben ihre zunehmende Repräsentation im Parlament, besonders als Mitglieder der regierenden NDP, genutzt, ökonomische Reformpolitiken zu gestalten, die

---

85 In der Regierungspartei tat sich Mitte der 1990er-Jahre ein Elitenkonflikt zwischen ökonomischen Neuaufsteigern, die von der Liberalisierung profitierten und Altkadern in der Regierungspartei auf, der ein kurzfristiges Schisma bewirkte, dass u.a. bei den Wahlen 2000 zu Verlusten für die Partei führte. In Ägypten drängte die neue Garde von Geschäftsleuten um den Präsidentensohn Gamal Mubarak in die Parteiränge, mit dem Ansinnen, Rechtsimmunität und Entscheidungskompetenz als Parlamentarier und Parteikader zu finden und weitere Liberalisierungsschritte durchzusetzen. Nach außen hin ließ diese Garde auch Zustimmung zu politischen Reformen erkennen. Ernsthafte politische Reformen der NDP waren allerdings nicht zu erkennen und die politische Öffnung in Ägypten nahm sogar ab, so ließ das NDP-kontrollierte Parlament u.a. im Jahr 2002 alle subnationalen Wahlen trotz Manipulationsverdachts von richterlicher Kontrolle befreien. Vgl. Jason BROWNLEE (2007): Authoritarianism in an age of democratization, Cambridge: Cambridge University Press, S. 130–149; vgl. auch Volker PERTHES (2006): Orientalische Promenaden. Der Nahe und Mittlere Osten im Umbruch, München: Siedler, S. 52–55.

86 In den 1980er-Jahren wurde Ägypten von den internationalen Finanzinstitutionen aufgefordert, seine Agrarzölle zu reduzieren und den Staatssektor für ADI zu öffnen. Besonders amerikanische Firmen profitierten davon. Das erste Investment kam von Coca-Cola, das einen wichtigen Brückenkopf für Agrobusiness lieferte. Mit dem amerikanischen Food for Peace-Programm wurde Ägypten immer abhängiger von importierten Nahrungsmitteln und ermöglichte zudem US-Firmen auf Kosten europäischer Mitbewerber den Markt zu dominieren. 1977 kam es zu den sogenannten „Brotaufständen", weil Ägypten immer mehr zur Einfuhr von Getreide gezwungen war und die Armut auf dem Land grassierte. Mitte der 1980er-Jahre betrug das landwirtschaftliche Defizit schon 2,5 Mrd. US-$. Vgl. Ray BUSH (2009): The land and the people, in: Rabab EL-MAHDI & Philip MARFLEET [Hrsg.]: Egypt. The Moment of Change, London & New York: Zed Books, S.51–67, hier: S. 55–66; vgl. auch Anne ALEXANDER (2009): Mubarak in the international arena, in: Rabab EL-MAHDI & Philip MARFLEET [Hrsg.]: Egypt. The Moment of Change, London & New York: Zed Books, S.136–150, hier: S. 139f.

ihren Interessen am zuträglichsten waren.[87] Im Zuge der Landrechtsreform wurden die Kleinbauern und Landlosen von den Medien schwer angegriffen und als „faul" abgestempelt, da sie als einzige in parasitärer Weise von den Landreformen des Nasserismus profitieren würden. Gleichzeitig ist eine Modernisierung der Landwirtschaft aber nicht betrieben worden. Das Budget für 2007 rief nur rund 43 Mio. € für Investitionen im Landwirtschaftssektor auf, was nur 0,2% der staatlichen Gesamtausgaben umfasste.[88]

Ein weiterer wichtiger Akteur, möglicherweise der wichtigste in Ägypten, ist das Militär. Dieses hat sich, wie COOK zeigt, erfolgreich aus der tagesaktuellen Politik herausgezogen, während die demokratischen Fassaden und autoritären Institutionen im politischen System in Ägypten diejenigen schützen, die wahrlich die Macht haben - die Militärs. Politische Unzufriedenheit richtet sich auf die zivile Regierung um den Premierminister, sein Kabinett und die Bürokratie. Die Formulierung und Ausführung von Sicherheitspolitik liegt aber in der Hand des Offizierskorps. Militärgerichte und gemischte Gerichte haben Oppositionsparteien in Ägypten regelmäßig in ihrer Arbeit behindert und Oppositionelle unter rechtsstaatswidrigen Bedingungen verurteilt. Zwar wurden 2004 die Staatssicherheitsgerichte abgeschafft, ihre spezialisierte Gerichtsbarkeit wurde aber nur auf andere Gerichte übertragen. Aus Fragen der nationalen Sicherheit hat das Militär auch sein Budget der öffentlichen Kontrolle entzogen.[89]

Das ägyptische Militär hat sich abgeschottet vom Rest der Bevölkerung und in einer Art von Enklaven eingeschlossen. Es zahlt für den Staatsdienst relativ hohe Gehälter und unterhält eigene Lebens- und Unterhaltungsmöglichkeiten, u.a. Schulen, Krankenhäuser, Klubs und ganze Wohngegenden, für seine Angehörigen. Die Gelder für ökonomische Reformen, die aus den USA und der EU kamen, halfen auch dem Militär, eine Präsenz in der verarbeitenden Industrie, der Landwirtschaft und dem Bauwesen zu finden. Bereits Mitte der 1980er-Jahre wurde die Nahrungssicherheitsdivision der Armee zum größten agro-industriellen Komplex im Lande.[90]

Das zentrale Problem ist, dass die Liberalisierungs- und Privatisierungskonzepte, die die EU unterstützt hat, keine Modernisierung und auch keine politische Öffnung für die Bevölkerung bewirkt haben. Informelle Märkte sind entstanden, die in Ägypten ein Drittel aller ökonomischen Aktivitäten ausmachen und oft durch Staatsbedienstete geduldet oder gar betrieben werden.[91] Das Wirt-

---

87 Vgl. KING (2009): New authoritarianism, S. 10.
88 Vgl. BUSH (2009): Land and the people, S. 64.
89 Vgl. COOK (2007): Ruling.
90 Vgl. MARFLEET (2009): State and society, S. 22.
91 Vgl. DILLMANN (2001): Facing the Market, S. 208ff.

schaftswachstum Ägyptens konzentrierte sich in bestimmten Sektoren wie Handelswaren, Finanzen, Immobilien und Tourismus, und war vor allem an große ausländische Investitionen im Tourismus und im Bauwesen gebunden, an denen Unternehmer, Militärs und Staatsbeamte, die eng mit dem Regime verbunden waren, profitierten. Rund 8 Mio. Menschen sind in Ägypten arbeitslos (eine Arbeitslosenquote von knapp 26%). 2006 lag die interne Verschuldung des Landes bei rund 76 Mrd. €, was einer Verdreifachung seit 1999 und rund 89% des BIP entspricht.[92] Die Rekordwachstumsraten der ägyptischen Wirtschaft von 2005 bis 2007 waren, wie EL-MAHDI zeigt mit kurzfristig angelegtem spekulativem Kapital aus den arabischen Golfstaaten verbunden, das im Zuge der Weltfinanzkrise schnell wieder abgezogen wurde.[93] Statt der Qualität der Lebensbedingungen steigt das Reichtumsgefälle an. Heute gelten mehr als 95% von Ägyptens 5,8 Mio. Staatsangestellten und ihrer Familien als arm nach Weltbankstandards (sie leben von unter 2 US-$ pro Tag und Person) oder sehr arm (unter 1 US-$).[94] 1991 hielten die ärmsten 10 Prozent der ägyptischen Bevölkerung 3,9 Prozent des nationalen Einkommens, die reichsten 20 Prozent hielten 26,7%, zehn Jahre später hielten die ärmsten 10 Prozent nur noch 3,7 Prozent des Einkommens, die reichsten 20 Prozent schon 29,5 Prozent.[95] Der Gini-Index für Ungleichheit stieg nach Weltbankangaben von 30,14 im Jahre 1996 auf 32,14 im Jahre 2005.[96]

2.2.4.3. Auswirkungen in Tunesien

Auch in Tunesien hat die Privatisierung der landwirtschaftlich genutzten Flächen zu einer erhöhten Ungleichheit innerhalb der Bevölkerung geführt. Zum Ende der 1990er-Jahre gehörten 7% der Bevölkerung 60% der landwirtschaftlichen Fläche. Über 600.000 Hektar des besten Landes waren zuvor an die ruralen Eliten verteilt worden, wobei staatliches Land in Kooperativen weit unter Wert privatisiert wurde.[97]

Die wirtschaftlichen Reformen, die ab 1987 eingeleitet wurden, erzeugten nur kurzfristig höhere Wachstumsraten der Wirtschaft, ehe diese im Folgenden wieder einbrachen. Die von europäischer Seite geforderte Privatisierung staatlicher Unternehmen hat öffentlichen Besitz in die Hände der Präsidentenfamilie

---

92 Vgl. EL-SAYED EL NAGGAR (2009): Economic policy, S. 42–48.
93 Vgl. EL-MAHDI, MARFLEET (2009): Moment of Change, S. 153.
94 Vgl. EL-SAYED EL NAGGAR (2009): Economic policy, S. 49.
95 Vgl. MARFLEET (2009): State and society, S. 17.
96 WORLDBANK DATABASE, online verfügbar unter: http://databank.worldbank.org/ddp/home.do [20.09.2011].
97 Vgl. KING (2009): New authoritarianism, S. 118–181.

und ihnen nahestehenden Eliten gebracht. Die Familie der Frau des Präsidenten Ben Ali war neben anderen wohlsituierten Familien der Hauptprofiteur in den Privatisierungsdeals. Die Trabelsi-Familie besaß zuvor keine größeren Vermögenswerte, bis zum „Arabischen Frühling" war sie im Besitz der einzigen privaten Radiostation, der größten Fluglinie und Hotelgesellschaft Tunesiens und besaß wichtige Anteile im Großhandel, im Dienstleistungssektor und im Agrobusiness. Cyrine Ben Ali, einer Tochter aus einer früheren Ehe, gehörte der einzige Internetprovider des Landes, dessen Inbesitznahme durch das Regime ihm erlaubte, oppositionelle Internetseiten leichter zu blockieren. Die Zentralbank in Tunesien wurde kontinuierlich genutzt, um die neuen Privatisierungen zu erleichtern. Ein Referendum der Bank von 1997 erlaubte allen Banken im Land, Leihen ohne die erforderlichen Garantien an diejenigen auszugeben, die staatseigene Unternehmen kaufen wollten. Kredite wurden auf einfachen Telefonanruf von staatlichen Stellen hin aus freigegeben. Über 10.000 Staatsbedienstete wurden für Parteidienste der RCD dauerhaft abgestellt und mit Steuergeldern bezahlt. Die Finanzen und Besitztümer der Partei wurden allerdings geheim gehalten. Oppositionelle Eliten wurden durch das Regime mit günstigen Krediten, Auszeichnungen, Medienpräsenz, Konsultationen und Kabinettsposten kooptiert.[98]

Die erwünschte politische Öffnung ist durch die wirtschaftlichen Reformen in den Wirtschaftssystemen den nordafrikanischen Staaten nicht eingetreten. Stattdessen haben die Reformen die politischen Eliten in Nordafrika befähigt, sich an der Macht zu halten, weil sie neue Patronageressourcen aus Teilprivatisierungen erwerben konnten. Gleichzeitig hat sich die Situation der Bevölkerung nicht grundlegend verbessert, sondern teilweise verschlechtert.

Neben den Zielen der wirtschaftlichen Liberalisierung verfolgten die EU-Partnerschaftsprogramme aber auch eine Sicherheitsagenda, die im Folgenden beleuchtet wird.

2.3. Sicherheitsagenda

Arbeitshypothese 3: Die EU ist in der Demokratisierung nordafrikanischen Staaten gescheitert, weil die Eliten dieser Staaten die Sicherheitsagenda der EU und ihrer Mitgliedsstaaten genutzt haben, unliebsame Opposition auszuschalten.

---

[98] Vgl. BENSEDRINE & MESTIRI (2005): Despoten, S. 104–121; vgl. auch SADIKI (2008): Engendering Citizenship, S. 128 und DILLMANN (2001): Facing the Market, S. 212.

2.3.1. Sicherheitsagenda in den Partnerschaftsprogrammen

Nach 1990 ist eine Anzahl von Sicherheitsforen zwischen den EU-Staaten und den übrigen Mittelmeeranrainern geschaffen worden. Die regionalen und interregionalen Initiativen wie die *Konferenz für Sicherheit und Zusammenarbeit im Mittelmeer* und das *5+5-Forum* scheiterten jedoch.[99]

Die *Erklärung von Barcelona* enthält eine umfassende Aufzählung von Zielen das Feld der Sicherheit betreffend. Die Signarstaaten erklären sich dazu bereit,

> „[to] strengthen their cooperation in preventing and combating terrorism, in particular by ratifying and applying the international instruments they have signed, by acceding to such instruments and by taking any other appropriate measure; fight together against the expansion and diversification of organized crime and combat the drugs problem in all its aspects; promote regional security by acting, inter alia, in favour of nuclear, chemical and biological non-proliferation [...]. Promote conditions likely to develop good-neighbourly relations among themselves [...]; consider any confidence and security-building measures that could be taken between the parties with a view to the creation of an 'area of peace and stability in the Mediterranean'"[100]

Eine umfassendere Konkretisierung der von europäischen Regierungen perzipierten Bedrohungen aus dem Raum des Mittelmeeres wurde erstmals 1999 auf dem NATO-Gipfel in Valencia in einem Strategiepapier, das die RAND Corporation für den *Mittelmeerdialog* der NATO verfasst hatte,[101] genannt. Die Eckpunkte umfassten Terrorismus, illegale Migration, internationales Verbrechen, Drogen- und Menschenschmuggel sowie die mögliche Proliferation von Massenvernichtungswaffen. Alle diese Punkte fanden Einlass in den „*Korb I*" der *Politischen und Sicherheitszusammenarbeit* des *Barcelona-Prozesses*. Das Sicherheitsparadigma war zwar schon immer unterschwellig vorhanden, weil der *Barcelona-Prozess* unerwünschte Migration, den Nährboden für Terrorismus und die Möglichkeit der Machtübernahme islamistischer Gruppen durch ökonomische Entwicklung verhindern wollte.[102] Doch erst zum Jahrtausendwechsel,

---

99 Vgl. Christopher J. SMITH & Kaisa LAHTEENMAKI (1998): Europeanization of the Mediterranean region: the EU's relations with the Maghreb, in: Alan W. CAFRUNY & Patrick PETERS [Hrsg.]: The Union and the world. The political economy of a common European foreign policy, Den Haag & Boston: Kluwer Law International, S.151–172, hier: S. 164.
100 EUROPÄISCHE UNION (1995): Barcelona declaration.
101 Ian O. LESSER (2000): The future of NATO's Mediterranean initiative. Evolution and next steps, Santa Monica & Valencia: RAND & Generalitat Valenciana.
102 Vgl. JOFFÉ (2008b): Democracy and Counter-Terrorism, S. 154f.

nach den Erfahrungen der europäischen Politakteure auf dem Balkan und vom 11. September 2011, wurden diese Punkte ausgeweitet. Zum zehnjährigen Bestehen der EMP wurden 2005 diese Punkte dann im „Korb" für *Justiz, Sicherheit und Migration* der EMP beigefügt.

Auch in der ENP legt die EU großen Wert auf die Sicherheit, denn sie basiert auf Vorgaben, die die *Europäische Sicherheitsstrategie* (ESS)[103] aus dem Jahr 2003 vorgegeben hat. Letztere ist eine direkte Antwort auf die Terroranschläge vom 11. September 2001 in den USA und verknüpft die Entwicklungspolitik der EU noch stärker mit ihrer Sicherheitspolitik. Die ESS zeichnet den Mittelmeerraum als einen Hort voller Gefahren und Bedrohungen für die EU.

> „Die Infrastruktur, die effiziente Überwachung der Grenzen und der Verbund der Verkehrs-, Energie- und Telekommunikationsnetze werden für die Ausweitung von Handel und Investitionen auf beiden Seiten noch wichtiger werden. Grenzübergreifende kulturelle Bindungen, nicht zuletzt zwischen Menschen derselben ethnischen/kulturellen Zugehörigkeit, erlangen im Kontext der Nachbarschaft zusätzliche Bedeutung. Ebenso erfordert die Bedrohung der beiderseitigen Sicherheit, unabhängig davon, ob sie von der grenzübergreifenden Dimension natürlicher und nuklearer Risiken, übertragbaren Krankheiten, illegaler Einwanderung, illegalem Handel, organisiertem Verbrechen oder terroristischen Netzen ausgeht, ein gemeinsames Vorgehen, wenn sie umfassend bekämpft werden soll."[104]

Zur Bekämpfung der Gefahren und Bedrohungen traf der Europäische Rat 2003 auf seinem Gipfel in Sevilla die Entscheidung, dass fortan alle Assoziierungsabkommen mit Drittländern eine Klausel zur gemeinsamen Abwehr von Migrationsströmen nach Europa und zu verpflichtender Rückführung illegaler Migranten beinhalten sollten. Ein spezielles Budget namens *Aeneas* über rund 250 Mio. € sollte den Drittländern von 2004 bis 2008 mit der Rückführung helfen. Die Kommission beendete *Aeneas* 2006 verfrüht und ersetzte es im Rahmen der neuen *Finanziellen Perspektive 2007-2013* durch einen umfassenderen Ansatz. Mit der *Erklärung zum Kampf gegen Terrorismus* nach den Terroranschlägen in Madrid im März 2004 erteilte der Europäische Rat der EU-Kommission das Mandat, auch Antiterrorismusklauseln, die die gemeinsamen Anstrengungen im von den USA ausgerufenen *Global War on Terror* unterstreichen sollten, in alle Verträgen mit Drittstaaten einzufügen.[105]

---

103 Für eine Übersicht über die ESS vgl. Jörg FAUST & Dirk MESSNER (2005): Europe's New Security Strategy: Challenges for Development Policy, in: The European Journal of Development Research 17 (3), S.423–436.
104 EUROPÄISCHE KOMMISSION (2003b): Ein neuer Rahmen, S. 6.
105 Vgl. TOVIAS (2010): Mediterranean Nonmember States, S. 170f; vgl. auch Steven STERCKX (2009): The External Dimension of EU Asylum and Migration Policy: Expanding Fortress Europe?, in: Jan ORBIE [Hrsg.]: Europe's global role. External policies

2.3.2. Auswirkungen der Sicherheitsagenda

2.3.2.1. Auswirkungen allgemein

Die Art und Weise wie die ESS ihre Hauptbedrohungen identifiziert und in der EMP und ENP zu lösen versucht, macht ausschließlich die nordafrikanischen Machthaber zu den Verhandlungspartnern auf der Ebene der Sicherheitspolitik, was der Annahme, Sicherheit durch Demokratisierung zu erzeugen, widerspricht. Die Sicherheitsziele der EU (Stabilität an der Südflanke, Migrationskontrolle, Nichtproliferation, *Global War on Terror*) scheinen für die EU nur in Kooperation mit den Machteliten erreicht werden zu können. Ein hoher nationaler Diplomat bezeichnete die Reformanstrengungen nach 9/11 mit dem Ziel, „um Revolution auf lange Sicht zu verhindern."[106]

Alle Regierungen in Nordafrika haben die verschärfte Sicherheitsagenda genutzt, um selbst Maßnahmen zu ergreifen, ihren Sicherheitsapparat zu stärken und sich in ihren Bemühungen der Unterdrückung der Opposition zu legitimieren. Der Rat der Justizminister der Arabischen Liga hatte bereits 1998 eine Konvention gegen Terrorismus verabschiedet, die allerdings die Definition von Terrorismus so weit gefasst hat, dass darunter auch Oppositionspartien fielen. Die Terroranschläge vom 11. September versetzte die Arabische Liga aber in die Lage, ihren Ansatz der Terrorismusbekämpfung gegenüber dem Westen einfacher zu legitimieren.[107]

2.3.2.2. Auswirkungen in Tunesien

Tunesien hat 2004 seine Gesetzgebung aus dem Jahre 1975 den Anforderungen aus der EU angepasst, die 2003 auf dem 5+5-Gipfel in Tunis geäußert wurden. Die Anzahl der Grenzkontrollbeamten wurde auf über 13.000 erhöht und Militärunterstützung, wenn benötigt, zugewiesen, mit der italienischen Regierung

---

of the European Union, Farnham: Ashgate, S.117–138, hier: S. 125, und Sarah WOLFF (2009): The Mediterranean Dimension of EU Counter-terrorism, in: Journal of European Integration 31 (1), S.137–156, hier: S. 147f.

106 Zitiert nach YOUNGS (2006a): Shadow, S. 101. 2002 traf eine Delegation des Nationalen Rates für die Freiheiten in Tunesien (Conseil national pour les libertés en Tunisie) in Brüssel auf Mitarbeiter von Außenkommissar Chris Patten und suchte Unterstützung für regierungsunabhängige Fernsehsender. Sie wurden mit dem Hinweis auf die mögliche Destabilisierung der politischen Lage in Tunesien abgewiesen. Vgl. BENSEDRINE & MESTIRI (2005): Despoten, S. 133.

107 Vgl. WOLFF (2009): Mediterranean Dimension, S. 146.

wurden gemeinsame Patrouillen ausgehandelt.[108] Der Sicherheitsapparat wurde zur zentralen Institution des Regimes, deren Personal das Regime vervierfachte, deren Mittel aufgestockt wurden und der sich auch die Justiz unterordnen musste. Die politische Polizei wurde mit Sonderrechten ausgestattet und ihren Agenten Anonymität und Straffreiheit garantiert. Das Gesetz institutionalisierte auch eine Sondergerichtsbarkeit unter Ausschluss der Öffentlichkeit und stellte Zeugnisverweigerung unter Strafe.[109]

Die Opposition, besonders die islamistischen Bewegungen wie die Bewegung der islamistischen Neigung (Mouvement de la tendance islamique), der es bis zum Sturz Ben Alis nicht gestattet war, eine politische Partei zu gründen, wurde mit Verweis auf die Gefahren ihrer Machtergreifung durch den Repressionsapparat unterdrückt. Bis Mitte der 1990er-Jahre wurde die Bewegung ohne Proteste aus Europa von den Sicherheitskräften des Regimes drangsaliert und ihre Mitglieder verhaftet.[110] Die Anschläge vom 11. September und die Versicherheitlichung der EU-Mittelmeer-Beziehungen ermöglichten es dem Regime dazu, bei der Bekämpfung von „Terroristen" auch kritische Internetaktivisten als „Cyberterroristen" zu verhaften.[111]

Proteste kamen von Seiten der EU wenige. Trotz Resolutionen des EP oder dem Einfrieren der Beziehungen durch die französischen Sozialisten war der Kern der Beziehungen des Regimes zu den europäischen Eliten nie ernsthaft gefährdet. Stattdessen wurde das Regime Ben Alis als Stabilisator in der Region gewürdigt und die Hilfszahlungen, besonders aus Frankreich, sind kontinuierlich erhöht worden.[112] Für die meisten europäischen Politiker schien Tunesiens Autoritarismus im Vergleich mit islamistischen Parteien an der Macht nicht so unattraktiv.[113]

---

108 Vgl. Michael COLLYER (2008): Emigration, Immigration, and Transit in the Maghreb. Externalization of EU Policy?, in: Yahia H. ZOUBIR & Haizam AMIRAH-FERNÁNDEZ [Hrsg.]: North Africa. Politics, region, and the limits of transformation, London: Routledge, S.159–178, hier: S. 171.
109 Vgl. BENSEDRINE & MESTIRI (2005): Despoten, S. 78ff.
110 Vgl. ALEXANDER (2010): Tunisia, S. 56–60.
111 Vgl. BENSEDRINE & MESTIRI (2005): Despoten, S. 134f.
112 Frankreich hatte Ben Ali schon 1989, kurz nach seiner Machtübernahme, eine Milliarde Franken ökonomische Hilfen gewährt, obwohl dieser gerade die Opposition ausschaltete. Vgl. ALEXANDER (2010): Tunisia, S. 89–93.
113 Offenbar scheinen auch die USA diese Einschätzung zu teilen. Die USA finanzieren seit Jahren viel mehr sicherheitsrelevante Aktivitäten als politische Reformen in Tunesien. 2007 wurden über 11 Mio. US-$ für Militär, Sicherheit und Antiterrorismus bereitgestellt. Zwischen 2002 und 2005 erhielt Tunesien rund 75 Mio. US-$ an Sicherheitshilfe. Vgl. POWEL (2010): Stability syndrome, S. 66f.

2.3.2.3. Auswirkungen in Ägypten

Auch in Ägypten bleibt der Diskurs über Sicherheit, Stabilität und *Global War on Terror*, der den Autokraten in der Region oftmals einen Prätext bietet, gegen unliebsame Oppositionelle vorzugehen, problematisch. Bereits seit der Ermordung Anwar Sadats im Jahre 1976 durch Islamisten der Al-Jihad herrscht in Ägypten der Ausnahmezustand, der es Präsident Mubarak erlaubte, Verhaftungen zu verfügen, das Recht auf Bewegung einzuschränken und Zensur in allen Medien zu verfügen. Außerdem konnte er Individuen an spezielle Gerichte außerhalb der normalen Gerichtsbarkeit verweisen.[114] In den Gefängnissen in Ägypten saßen 2008 wenigstens 80.000 politische Gefangene, gleichzeitig war das jährliche Budget für interne Sicherheit größer als das gesamte Budget für die Gesundheitsfürsorge.[115]

Als die Muslimbruderschaft 2004 ein Manifest für Demokratie herausgab und 60 ihrer Mitglieder verhaftet wurden, kam von der EU dazu keine Kritik. Auch bei der Verhaftung des Oppositionspolitikers Ayman Nour zeigten die europäischen Politikeliten nur ihre „Besorgnis".[116]

NGOs und Menschenrechtsaktivisten haben die ägyptische Folterpraxis mehrfach kritisiert, allerdings haben die USA ihre Militärhilfen nicht eingeschränkt, sondern ihre Partnerschaft zwischen US- und ägyptischen Sicherheitskräften sogar intensiviert. 2007 wurde Ägypten in den UN-Menschenrechtsrat gewählt, in der Hoffnung und mit der Bitte, den Ausnahmezustand aufzuheben und die Menschenrechte umfassend zu achten. Im Mai 2008 wurde der Notstand jedoch wieder mit Hinweis auf den zu bekämpfenden Terrorismus erneut verlängert.[117] Ägypten erhielt weiterhin jedes Jahr rund 1,3 Mrd. US-$ allein an Sicherheitshilfe. Von Seiten der EU wurde für die Verfehlungen bei der Umsetzung von politischen Reformen und Menschenrechten nie die in dem Assoziationsabkommen verankerte Konditionalität eingesetzt und das Assoziationsabkommen ausgesetzt. Kurzfristige Konditionalität wurde nur aufgrund ökonomischer Verfehlungen eingesetzt.[118]

---

114 Vgl. Aida Seif EL-DAWLA (2009): Torture: a state policy, in: Rabab EL-MAHDI & Philip MARFLEET [Hrsg.]: Egypt. The Moment of Change, London & New York: Zed Books, S.120–135, hier: S. 123f.
115 Vgl. Antony LOEWENSTEIN (2008): The blogging revolution, Carlton: Melbourne University Press, S. 60.
116 Vgl. YOUNGS (2006a): Shadow, S. 123ff.
117 Vgl. EL-DAWLA (2009): Torture, S. 120–133.
118 Vgl. DURAC (2010): Impact of external actors, S. 79ff.

2.4. Zwischenfazit

Wie gesehen, haben die Machthaber in Nordafrika die Reformen, die von der EU in den Partnerschaftsabkommen den Partnerstaaten auferlegt haben, zu Teilen nutzen können, sie in Kombination mit bereits bestehenden Systemen der Patronage und Repression zum Machterhalt einzusetzen. Besonders Eliten, darunter Staatsbeamte, Militärs und Wirtschaftsakteure, haben neue Einnahmequellen generiert, dabei aber keine grundlegende Öffnung der politischen System gefordert, sondern sich kooptieren lassen. Sowohl die Sicherheitsagenda als auch die wirtschaftlichen Reformen, die u.a. von den EU-Partnerschaftsprogrammen forciert wurden, boten den Machthabern in Nordafrika einen willkommenen Prätext, um die demokratische Opposition zu unterdrücken und neue Einnahmequellen zum Aufrechterhalt der autoritären Machtzirkel zu generieren. Teilweise wird das Geschäft des Menschen- und Drogenhandels auch von staatlichen Akteuren geduldet, wenn nicht sogar selbst durchgeführt. In Algerien arbeiten die Mafia-Bosse eng mit den korrupten hohen Rängen im Militär, dem Geheimdienst, der Polizei und dem Zoll zusammen. Diese wiederum verdienen massiv an dem Geschäft, das auf ca. 1 Mrd. US-$ pro Jahr beziffert wird.[119]

Abschließend bleibt zu klären, warum die EU-Partnerschaftsprogramme mit dieser Problematik nicht grundsätzlich anders umgegangen sind und die Fehlentwicklungen konsequenter angesprochen haben. Die EU hatte offensichtlich keine Anreize, die Programme nach anderen Konzeptionen als den vorgeführten zu entwickeln. Die Frage stellt sich also, warum diese Anreize nicht bestanden, sondern welche Interessen innerhalb der Partnerschaftsprogramme vorherrschend waren.

---

119 Vgl. KEENAN (2006): Security and Insecurity, S. 286.

2.4. Zwischenfazit

3. Entstehung der EU-Partnerschaftsprogramme

Arbeitshypothese 4: Der *top down*-Ansatz der Demokratieförderung durch wirtschaftliche Liberalisierung wurde von der EU eingesetzt, weil er im Einklang mit den globalen Interessen der wichtigsten EU-Akteure steht.

3.1. Entstehung der Liberalisierungsagenda

3.1.1. Historischer Kontext der EU-Mittelmeer-Wirtschaftsbeziehungen

Wichtig zum Verständnis der EU-Politik ist die Vergegenwärtigung der historischen Einbindung Nordafrikas in die globale Ökonomie. Die Staaten Nordafrikas wurden in der Zeit des Kolonialismus primär auf den Export agrarischer Güter eingerichtet. Der Maghreb produzierte Nahrung und Wein, Ägypten war ein wichtiger Produzent von Baumwolle.[120] Nach der Unabhängigkeit wurde der Staat in Nordafrika im Zuge des arabischen Etatismus der dominante Faktor auf dem ökonomischen und politischen Feld,[121] aber er geriet in immer größere wirtschaftliche Krisen. Auf nationaler Ebene, so zeigt die Empirie, schafften es die Militärs in den meisten Staaten, ökonomische Erfolge zu erzielen und erfolgreiche nationale Entwicklungsprogramme zu initiieren, allerdings stagnierten die staatsdirigistischen Ökonomien bald und die Militärs wurden zu konservativen Elementen im wirtschaftlichen und politischen System, die ihre Pfründe zu sichern suchten.[122]

Die Staaten Nordafrikas gerieten aber besonders durch die Veränderungen auf internationaler Ebene in ökonomische Bedrängnis. Ein Faktor war der Bei-

---

120 Vgl. HOLDEN (2009): Structural power, S. 48.
121 Eines der teuersten Systeme der indirekten Transfers in der Dritten Welt wurde nach der Revolution von 1952 in Ägypten unterhalten, wobei Nahrungsmittel, Wasser, Strom, Gas und öffentliche Transportmittel hoch subventioniert waren. Diese Subventionen werden seit 1991 massiv zurückgefahren. Vgl. Noha EL-MIKAWY (1999): Perceptions of the social role of the state in Egypt, in: Enid HILL [Hrsg.]: Discourses in contemporary Egypt: Politics and social issues, Cairo papers in social science 22 (4), Cairo: American University in Cairo Press, S.36–64, hier: S. 50; vgl. auch HOLDEN (2010): Security, power or profit, S. 11.
122 Vgl. COOK (2007): Ruling, S. 14.

tritt Großbritanniens zur EU 1973, der den südlichen Mittelmeerstaaten den Handel mit einem wichtigen Handelspartner für ihre Güter erschwerte, weil Großbritannien jetzt von höheren Zollbarrieren umgeben war.[123] In den 1970er-Jahren brachten die Krisen der Weltwirtschaft die westlichen Staaten und ihre Unternehmen dazu, die erhöhte Konkurrenz zu nutzen, die Produktion zu internationalisieren und die Weltwirtschaft zu liberalisieren. Das ab 1974 aufgesetzte Multifaserabkommen, das 1994 auslief und den Abbau der Importzölle für Textilprodukte regelte, machte den Mittelmeeranrainern schwer zu schaffen, weil ihre Textilindustrie nun graduell ungeschützt dem Weltmarktangebot ausgesetzt wurde. Das Abkommen wurde von 1995 bis 2005 zwar um das Welttextilabkommen verlängert, nach dem Ende verloren die nordafrikanischen Staaten aber massiv Anteile am europäischen Sektor an Länder wie China und Bangladesch und ihre Textilindustrie begann unterzugehen.[124]

In den 1990er-Jahren schlugen sich die südlichen Nicht-EU-Mitglieder mit diversen Problemen gegenüber der EU herum: Handelsungleichgewichte, hohe Schulden, niedrige Investitionen, satellitenartige Beziehungen zu Europa als Lieferanten von Energie, Rohstoffen, Arbeitskräften und Billigkomponenten.[125] Neue ökonomische Bedingungen, permanente Krisen, die offenbare Erschöpfung der etatistischen Entwicklungsstrategien und die Veränderungen der Weltwirtschaft haben auch die Staaten Nordafrikas dazu gebracht, den *Washington Konsensus*, das Programm, das 1990 von den Weltfinanzinstitutionen zur Lösung der Finanz- und Wirtschaftsprobleme der Entwicklungsländer aufgesetzt wurde, umzusetzen, d.h. vor allem Haushaltsdisziplin, Abbau von Subventionen, Senkung der Steuersätze, Liberalisierung der Handelspolitik, Verbesserung der Konditionen für ausländische Direktinvestitionen, Privatisierung öffentlicher Unternehmen und Einrichtungen, Deregulierung und Abbau staatlicher Einflussnahme. Ein Programm, dass es auch westlichen Unternehmen erleichtern sollte, in die Region zu investieren. Die Durchsetzung der Vorgaben des *Washington Konsensus* und die daraus folgende Liberalisierung und Privatisierung in den Wirtschaften der nordafrikanischen Nachbarstaaten stand in Einklang mit Kerninteressen europäischer Akteursgruppen.

---

123 Vgl. BICCHI (2002): Actors and Factors, S. 17.
124 Vgl. TOVIAS (2010): Mediterranean Nonmember States, S. 170; vlg. auch George JOFFÉ (2008a): European Policy and the Southern Mediterranean, in: Yahia H. ZOUBIR & Haizam AMIRAH-FERNÁNDEZ [Hrsg.]: North Africa. Politics, region, and the limits of transformation, London: Routledge, S.311–330, hier: S. 315.
125 Vgl. Neville WAITES & Stelios STAVRIDIS (1999): The European Union and the Mediterranean, in: Stelios STAVRIDIS [Hrsg.]: The foreign policies of the European Union's Mediterranean states and applicant countries in the 1990s, University of Reading European and international studies, Basingstoke: Macmillan, S.22–39, hier: S. 34.

Die EU-Programme wie die EMP mit seiner Rhetorik von Partnerschaft und Kooperation gelte es, wie PETERS sagt, zu entmystifizieren und die ihnen zugrunde liegenden Motivationen und Strukturen zu erkennen, d.h. sie als eine hegemoniale Politik der EU-Eliten zu verstehen, die bemüht ist, die südlichen Partner in eine Allianz zur Implementierung des neoliberalen Programms einzubinden. Die Programme EMP und ENP dienen zur Etablierung dieser hegemonialen Ordnung, indem sie die dazugehörige Ideologie und Verhaltensmuster transmittieren. Die Etablierung einer Hegemonie in der Mittelmeerregion ist wichtig für die EU-Elite, um eine Reihe von wichtigen ökonomischen Zielen zu erreichen.[126]

3.1.2. Kerninteressen der Energieversorgung der EU

An prominenter Stelle steht dabei für die EU und ihre Mitgliedsstaaten die Energieversorgung über die Energieträger Erdöl und Erdgas aus und über Nordafrika. Bereits in den 1980er-Jahren machten bilateralen Abkommen zwischen dem damals staatlichen französischen Ölunternehmen Gaz de France und dem algerischen Staatsunternehmen Sonatrach die Südküste des Mittelmeeres zu einem großen und langfristigen Energielieferanten für die westeuropäischen Staaten. In den 1990er-Jahren wuchs dieses Interesse an Algerien von Seiten europäischer Öl- und Gasfirmen weiter an. Zu den französischen Firmen stießen andere Unternehmen wie Repsol aus Spanien.[127] 2002 waren 25 nicht-algerische Ölfirmen im Land aktiv, größtenteils europäische und nordamerikanische. Die europäischen Energieunternehmen brauchen so dringend neue Gas- und Ölfelder, dass selbst die relativ kleinen Öl- und Gasreserven Tunesiens und Marokkos ins Visier europäischer Unternehmen gerieten. Das britische Gasunternehmen British Gas hatte schon Ende der 1990er-Jahre angekündigt zwischen 2000 und 2009 rund 450 Mio. US-$ allein in Tunesien investieren zu wollen.[128]

In den Assoziationsabkommen mit Ägypten und Tunesien findet sich zwar nur ein Artikel (Art. 53 respektive Art. 57) mit der Forderung, die jeweiligen nationalen Energienetzwerke mit denen der Europäischen Gemeinschaft besser zu verknüpfen, auf institutioneller Ebene ist jedoch ein permanentes Gremium 1997

---

126 Vgl. PETERS (2004): EU Hegemony, S. 4–6.
127 Vgl. MEYREDE (1999): France's Foreign Policy, S. 55; vgl. auch Echeverría Jesús (1999): Spain, S. 103.
128 Tatsächlich machte British Gas Großbritannien zur größten Quelle von ADI in Tunesien, das rund $^2/_3$ seiner ADI aus Europa erhält. Vgl. PETERS (2004): EU Hegemony, S. 16ff; vgl. auch Christopher ALEXANDER (2010): Tunisia. Stability and reform in the modern Maghreb, The contemporary Middle East 9, London: Routledge, S. 84.

im Zuge der EMP eingerichtet worden. Die Energieminister der EU-Staaten und der südlichen Mittelmeeranrainer treffen sich alle 2 Jahre im Rahmen des Euro-Mediterranen-Energieforums, um die Integration der Energie- und Gasmärkte, die Erhöhung der Sicherheit der Energiezufuhr nach Europa und die Entwicklung der Energieinfrastruktur im Mittelmeerraum voranzutreiben. Das Forum sieht Privatisierung und Liberalisierung im Energiesektor in den Mittelmeeranrainern, der von EU-Institutionen oft als zentralisiertes staatlich-kontrolliertes Monopol dargestellt wird, das Direktinvestitionen abschrecke, als essentielle Grundbedingung an.[129]

In der Ausarbeitung einer Energiepolitik für die erweiterte EU stellt die Kommission die Sicherstellung der konstanten Energiezufuhr aus dem arabischen Raum als eines der Hauptmotive des Engagements der EU in Nordafrika heraus. 2003 ließ die Kommission das EP wissen:

„Beim Gas steht man hinsichtlich der Versorgungssicherheit vor großen Herausforderungen. Für die erwartete Zunahme bedarf es der Entwicklung neuer Gasprojekte, die geografisch betrachtet weiter von der Europäischen Union entfernt sind [...]. Um den künftigen Bedarf einer erweiterten Europäischen Union mit einem Einfuhrbedarf zu decken, der den Schätzungen zufolge im Jahr 2020 400 Mrd. m³ erreichen wird, werden in den nächsten Jahren Investitionen in einer Gesamthöhe von vielen Milliarden Euro im Bereich der Exploration neuer Gasfelder und vor allem im Bereich neuer Erdgasleitungen nötig sein. [...] Damit diese Investitionen erfolgen können, muss die Europäische Union eine Politik ihrer aktiven Förderung und Unterstützung betreiben."[130]

Und weiter heißt es im Dokument, dass für die Versorgungssicherheit mit Erdgas

„[...] Europa vor allem für geeignete Marktbedingungen und bei Bedarf für Anreize sorgen [muss], um den Bau neuer Gasproduktionskapazitäten und Leitungen für den steigenden europäischen Gasbedarf zu gewährleisten."[131]

Durch seine reichen Energievorkommen ist neben Algerien eigentlich Libyen von größtem Interesse für europäische Ölunternehmen. Doch das Land war international isoliert und hat seinen Energiemarkt nur bedingt europäischen und amerikanischen Energieunternehmen geöffnet. Nur eine Auswahl europäischer Firmen, wie die französische Total (damals TotalElf/Fina), die italienische ENI

---

129 Vgl. PETERS (2004): EU Hegemony, S. 14.
130 EUROPÄISCHE KOMMISSION (2003a): Mitteilung der Kommission an das Europäische Parlament und den Rat über die Entwicklung einer Energiepolitik für die erweiterte Europäische Union, ihre Nachbarn und Partnerländer, online verfügbar unter: http://eur-lex.europa.eu/LexUriServ/LexUriServ.do?uri=CELEX:52003DC0262R%2801%29:DE:HTML [20.09.2011], (KOM(2003) 262 endgültig).
131 Ebd.

und einige österreichische und griechische Firmen haben das Gros der Explorationsunternehmungen unternommen. Erst im Jahr 2003 hat Staatschef Gaddafi zu einer umfangreiche Privatisierung der Wirtschaft und des Ölsektors aufgerufen. Nach diesem Schritt wurde ihm die Teilnahme an der EMP in Aussicht gestellt. Italien wurde einer der größten Profiteure der Öffnung der libyschen Wirtschaft und der italienische Ölkonzern ENI investierte zur konstanten Energieversorgung Italiens rund 28 Mrd. € in eine 10-Jahres-Investition in Libyens staatliches Ölunternehmen.[132]

Mit der ENP wurde den Interessen der EU noch mehr Rechnung getragen. Im Strategiepapier der Kommission zur ENP heißt es:

> „Die Stärkung unserer strategischen Energiepartnerschaft mit den Nachbarländern ist ein wichtiges Element der Europäischen Nachbarschaftspolitik. Sie umfasst die Sicherheit der Energieversorgung sowie Sicherheit und Gefahrenabwehr im Energiebereich."[133]

Die ENP-*Aktionspläne* für die Partnerländer sowie die konkreten Finanzierungsprogramme verlangen die Anpassung des Energiesektors und der Transportinfrastruktur von Energie der südlichen Mittelmeerländer an die Interessen und Bedürfnisse der EU, nicht an die der südlichen Mittelmeeranrainer. Exemplarisch sei aus dem Aktionsplan für Ägypten zitiert:

> „Zusammenarbeit bei der Entwicklung einer allgemeinen langfristigen Energiestrategie, die sich an die energiepolitischen Ziele der EU annähert – Maßnahmen zur Vorbereitung einer allgemeinen ägyptischen Energiestrategie (unter Federführung des Erdölministeriums und des Strom- und Energieministeriums), die sich den energiepolitischen Zielen der EU annähert (Versorgungssicherheit, Wettbewerbsfähigkeit und Umweltschutz), alle Teilsektoren abdeckt und die Stärkung der Institutionen und die Finanzierung einschließt."[134]

Die ungemeine Bedeutung des nordafrikanischen Raums für die Energieversorgung Europas verdeutlichen die Zahlen.[135] 2010 lieferte Nordafrika rund 83 Mio. Tonnen Rohöl nach Europa. Mit einem Anteil von rund 14% der Importe ist

---

132 Vgl. PETERS (2004): EU Hegemony, S. 19; vgl. auch Benjamin HEESE (2009): Die Union für das Mittelmeer. Zwei Schritte vor, einen zurück?, Region, Nation, Europa 59, Berlin & Münster: Lit, S. 48, und SOLTY (2011): Krieg gegen einen Integrationsunwilligen.
133 EUROPÄISCHE KOMMISSION (2004): Europäische Nachbarschaftspolitik, S. 18.
134 EUROPÄISCHE UNION (2007a): Aktionsplan EU-Ägypten, online verfügbar unter: http://ec.europa.eu/world/enp/pdf/action_plans/egypt_enp_ap_final_de.pdf [15.09.2011].
135 Für die folgenden Zahlen vgl. BP (2011): BP Statistical Review of World Energy, June 2011, online verfügbar unter: http://www.bp.com/assets/bp_internet/globalbp/globalbp_uk_english/reports_and_publications/statistical_energy_review_2011/STAGING/local assets/pdf/statistical_review_of_world_energy_full_report_2011.pdf [15.09.2011].

Nordafrika der drittgrößte Erdöllieferant der EU. In Nordafrika befindet sich eine größere Menge nachgewiesenen Rohöls. In Algerien liegt mit 12,2 Mio. Barrel Rohöl noch knapp 1% der Weltreserven, in Ägypten mit 4,5 Mio. Barrel knapp 0,3%, in Tunesien mit 0,4 Mio. Barrel weniger als 0,05%, in Libyen aber mit 46,6 Mio. Barrel sogar rund 3,4%. Beim Gas stellt die Region Nordafrika einen noch wichtigeren Lieferanten dar, vor allem für die südlichen Mittelmeerstaaten der EU. Der Staat Algerien exportierte im Jahre 2010 55,79 Mrd. Kubikmeter Naturgas, davon 27,56 Mrd. nach Italien und 12,05 Mrd. nach Spanien, 6,27 Mrd. gingen nach Frankreich. Algerien lieferte damit gut 25% aller Gasimporte der EU-Staaten. Ägypten exportierte im gleichen Jahr rund 15,17 Mrd. Kubikmeter, davon gingen der Großteil in den Nahen Osten, aber auch 2,62 Mrd. Kubikmeter nach Spanien, 0,72 bzw. 0,73 Mrd. Kubikmeter jeweils nach Italien bzw. Frankreich. Libyen exportierte 9,72 Mrd. Kubikmeter Gas, davon gingen 9,41 Mrd. Kubikmeter an Italien. Insgesamt importierte Italien 2010 75,34 Mrd. Kubikmeter (rund 50% aus Nordafrika), Frankreich 48,89 Mrd. (rund 14% aus Nordafrika) und Spanien 36,40 Mrd. (rund 40% aus Nordafrika). Der Stellenwert Nordafrikas als Zone der Energiezufuhr für Europa ist evident. Die Liberalisierung des Energiemarkts der südlichen Mittelmeerstaaten dient dem Zweck, den Zugang der EU-Energieunternehmen zum nordafrikanischen Energiesektor zu erleichtern. Der Druck, neue und sichere Energiequellen überall auf der Welt zu sichern, steigt stetig. Die europäischen Energiekonzerne stehen dabei auch in Konkurrenz zu den nordamerikanischen Energieunternehmen und den Unternehmen aus den aufstrebenden Schwellenländern, vor allem aus Indien, Russland, Brasilien und China.[136]

3.1.3. Kerninteressengebiete der Exportorientierung der EU

Ebenfalls von besonderer Bedeutung ist die Exportorientierung der EU-Wirtschaft. Die Wirtschaften der EU sind extrem abhängig von Exportmöglichkeiten. Die EU erzeugte nach Angaben von Eurostat[137] im Jahr 2009 rund 17,2% aller Weltexporte und ist bei Industriegütern und Dienstleistungen Exportspit-

---

136 Vgl. Vincent CASTEL, Paula XIMENA MEJIA & Jacob KOLSTER (2011): African Development Bank North Africa Quaterly Analytical. The BRICs in North Africa: Changing the Name of the Game?, online verfügbar unter: http://www.afdb.org/fileadmin/uploads/afdb/Documents/Publications/the%20BRICs%20in%20North%20Africa%20First%20annual%20ok_Mise%20en%20page%201.pdf [18.09.2011].

137 Quelle: EUROSTAT DATABASE, online verfügbar unter: http://epp.eurostat.ec.europa.eu/portal/page/portal/statistics/search_database [20.09.2011].

zenreiter. Darum hat die EU auf internationaler Ebene besonders die Deregulierung (u.a. Beschränkungen für ADI) im Dienstleistungssektor, die unter staatlicher Kontrolle liegen oder in Staatsbesitz sind (wie etwa die Wasserversorgung oder der Finanzsektor), gefördert. Auch bei den exportorientierten Industrien (Chemie, Automobile und Nahrungsmittelverarbeitung) hat die EU in internationalen Verhandlungen einerseits versucht, günstige Importe durch offene europäische Märkte und Freihandel zu ermöglichen, auf der anderen Seite aber heimische Produzenten (wie etwa die Textilindustrie nach dem Auslaufen des Welttextilabkommens 2005 durch neue Quotenregelungen) gegen den Import von billigen Konkurrenzprodukten zu schützen.[138]

Großes Interesse hat besonders die französische Wirtschaft an den wirtschaftlichen Möglichkeiten in Nordafrika. Das französische Wirtschaftsministerium versteht das Mittelmeer als französisches Einflussgebiet, in dem französische Firmen insgesamt gute Ergebnisse erzielen. Mit der Ausnahme von Libyen (wo 2009 Italien und Deutschland zusammen fast 50% des Exportmarktes repräsentierten) ist Frankreich u.a. der Hauptexporteur von Waren nach Algerien (15%) und Hauptimporteur von Waren aus Tunesien (28%) und Marokko (17%).[139] Daher unterstützte die französische Regierung die Regime in der Region, um stabile Rahmenbedingungen für französische Investitionen zu gewährleisten (interne politische Stabilität, die Öffnung von Märkten und die strukturelle Adaption an den internationalen Wettbewerb).[140]

Neben dem eingangs erwähnten Interesse an den Energieressourcen der nordafrikanischen Staaten ist die Erschließung neuer Märkte und Absatzchancen für die europäischen Unternehmen sowie die Sicherstellung der Importe von Ressourcen und günstigen Grundstoffen aus den Staaten des südlichen Mittelmeeres ein zentrales Motiv in den Partnerschaftsprogrammen gewesen. Die ENP hat daher laut Kommissionsstrategiepapier zur ENP folgende Zielsetzung:

„Unmittelbar soll der Abbau der Zollschranken und der nichttarifären Hindernisse Effizienzgewinne abwerfen und den Wohlstand durch verstärkte Marktintegration verbessern."[141]

---

138 Vgl. Christina DECKWIRTH (2005): The EU Corporate Trade Agenda. The role and the interests of corporations and their lobby groups in Trade Policy-Making in the European Union, Brüssel: Seattle to Brussels Network, S. 6f.
139 Vgl. CIA FACTBOOK, online verfügbar unter: https://www.cia.gov/library/publications/ the-world-factbook/ index.html [18.09.2011].
140 Vgl. MEYREDE (1999): France's Foreign Policy, S. 47ff; vgl. auch Jean-François DAGUZAN (2008): France and the Maghreb. The End of the Special Relationship?, in: Yahia H. ZOUBIR & Haizam AMIRAH-FERNÁNDEZ [Hrsg.]: North Africa. Politics, region, and the limits of transformation, London: Routledge), S.331–347, hier: S. 335.
141 EUROPÄISCHE KOMMISSION (2004): Europäische Nachbarschaftspolitik, S. 14.

Im Aktionsplan für Ägypten werden exemplarisch die Schritte dorthin konkretisiert:

> „Verstärkung der wirtschaftlichen Integration zwischen Ägypten und der EU, insbesondere durch schrittweise Liberalisierung des Dienstleistungsverkehrs und des Niederlassungsrechts, Öffnung des Handels mit Agrar- und Fischereierzeugnissen und landwirtschaftlichen Verarbeitungserzeugnissen [...]."[142]

Die EU-Nahrungsmittelindustrie erzeugt jährlich Produkte im Wert von rund 800 Mrd. € und benötigt dafür sowohl günstige Rohstoffimporte, als auch die Möglichkeit von Exporten (rund 44 Mrd. € pro Jahr). In der landwirtschaftlichen Nahrungsmittelproduktion erzeugt die EU seit Jahren enorme Überschüsse, von denen ein Teil vernichtet, aber auch ein Teil hochgradig exportsubventioniert in Entwicklungsländer exportiert wird.[143] In den Assoziationsabkommen mit den nordafrikanischen Staaten wurden dann spezifische Vorgaben zur schrittweisen Reduzierung der tarifären und nicht-tarifären Handelshemmnisse aufgenommen, besonders in der Landwirtschaft. Beim Import hat die EU den Mittelmeeranrainern gegenüber aber meist nur Konzessionen bei landwirtschaftlichen Produkten gemacht, die interessant für ihre Mitglieder waren, wie etwa bei außersaisonalen Produkten, und die die Absatzchancen der eigenen landwirtschaftlichen Produzenten innerhalb der EU nicht bedrohten.[144] Der Europäische Verband der Lebensmittelindustrie (Confédération des Industries Agro-Alimentaires de l'UE) verfolgt die beiden Ziele, die hohen Subventionen zu erhalten und den Marktzugang für verarbeitete Nahrung (besonders neue Handelsmöglichkeiten für die Nahrungsmittelindustrie und ihre Produkte) zu erweitern. Die Nahrungsmittelproduktion ist durch ihre hohe Integration unheimlich wichtig. Die Landwirtschaft ist verknüpft mit Unternehmen vorgelagerter (chemische Industrie für Pestizide etc.) und nachgelagerter (Nahrungsmittelverarbeitung) Industrien. Besonders das Committee of Professional Agricultural Organisations in the European Union - General Confederation of Agricultural Co-operatives in the European Union verteidigt Exportsubventionen und die heimische Förderung durch die EU. Sowohl die Generaldirektion (GD) *Handel* als auch die GD *Landwirtschaft* stimmen in dem Wunsch nach externer Marktöffnung mit der Nahrungsmittelindustrie überein.[145]

---

142 EUROPÄISCHE UNION (2007): Aktionsplan Ägypten.
143 Vgl. DECKWIRTH (2005): EU Corporate Trade Agenda, S. 19f.
144 Vgl. SMITH & LAHTEENMAKI (1998): Europeanization, S. 168.
145 Die Auswirkungen sind teils verheerend: Etwa 1,3 Mrd. Menschen leben in den Entwicklungsländern von der Landwirtschaft. Die Exporte der EU zerstören aber die lokalen Marktstrukturen. Entwicklungsländer werden immer mehr abhängig von landwirtschaftlichen Importen (zwischen 1979 und 2000 steigen diese um 115%). Vgl. DECKWIRTH (2005): EU Corporate Trade Agenda, S. 17–20.

Eine ähnliche Exportabhängigkeit gilt für den Rüstungssektor der EU-Staaten. Kleine Heimatmärkte und sinkende Verteidigungsbudgets haben europäische Waffenhersteller gedrängt, stärker zu exportieren, um im globalen Wettbewerb mit den USA mithalten zu können. Alle Waffenexporte aus der EU machten zwischen den Jahren 2001 und 2005 rund 27% des weltweiten Waffenhandels aus. Dabei kamen die Staaten Nordafrikas wie auch andere autoritäre Regime als Exportziele trotz fehlender demokratischer und rechtsstaatlicher Verfasstheit und Menschenrechtsachtung in Frage. Im Jahre 1998 hat die EU zwar den *EU Code of Conduct on Arms Exports* erlassen, der allerdings nicht rechtlich bindend ist und der kaum Einfluss auf das kollektive Verhalten der EU-Waffenexporteure hat. Weiterhin ist trotz Menschenrechtsverletzungen in den Zielländern ein zunehmender Waffentransfer aus der EU in autoritäre Staaten festzustellen.[146] Von 2002 bis 2005 schlossen die EU-Mitgliedsstaaten mit den nordafrikanischen Staaten Algerien, Libyen (Waffenembargo im Jahre 2004 aufgehoben) und Marokko Waffenlieferungsabkommen im Gesamtwert von rund 2,2 Mrd. US-$. In den Jahren von 2006 bis 2009 erhöhte sich der Wert auf 13,1 Mrd. US-$, eine Steigerung um fast 600%. Größte Profiteure sind Waffenschmieden aus Italien, Frankreich, Belgien und dem Vereinigten Königreich, aber auch diverse Schiffswerften, u.a. in den Niederlanden. Begründet wurden die Lieferungen mit dem Kampf gegen Terrorismus und der Abwehr von illegaler Migration.[147] Bilateral war vor allem ein neuer 100 Mio. € Waffenhandel mit Marokko und ein deutscher Panzerverkauf nach 2005 an Ägypten von Bedeutung.[148]

Die Pharma- und Chemieindustrie sind zwei der am stärksten international ausgerichteten Industrien mit vor- und nachgelagerten Produktionsstätten überall auf dem Globus. Von den zehn größten Chemiefirmen der Welt stammen sechs aus Europa, darunter BASF und Bayer als die größten, und europäische Chemieprodukte machen rund 30% der Weltproduktion aus. Ihre Lobbyverbände, der European Chemical Industry Council und die Federation of Pharmaceutical Industry Associations, bemühen sich daher enorm darum, bei der EU Forderungen für Zollsenkungen und –befreiung für den Export chemischer und pharma-

---

146 Vgl. Jennifer L. ERICKSON (2008): Normative Power and EU Arms Transfer Policy: A Theoretical Critique and Empirical Test, Discussion Paper SP IV 2008-301, Berlin: Wissenschaftszentrum Berlin für Sozialforschung, S. 1–14.
147 Vgl. AFRICAN EUROPE FAITH AND JUSTICE NETWORK (2010): Arms exports and transfers: Europe to Africa, by Country, online verfügbar unter: http://www.aefjn.org/tl_files /aefjnfiles/arms/arms_material%20eng/1101AEFJNReportArmsEurope_Africa_eng.pdf [15.09.2011].
148 Vgl. YOUNGS (2006a): Shadow, S. 100.

zeutischer Erzeugnisse in internationalen Verhandlungen und Abkommen durchzusetzen.[149]

Die Dienstleistungen und die Infrastruktur (besonders Wasserverteilung, Elektrizität, Telekommunikation, Bauwesen und Einzelhandel) stellen den wichtigsten Wirtschaftssektor von Interesse für die EU-Unternehmen dar. Die EU ist der weltgrößte Exporteur von Dienstleistungen mit einem Anteil von rund 25%. Auf den Sektoren Telekommunikation, Elektrizität und Wasser sind in Westeuropa, zum Teil aus früheren Staatskonzernen, neue besonders mächtige transnationale Konzerne entstanden (u.a. France Télécom, Deutsche Telekom, Telefónica, RWE, e.on, Veolia Environnement, GDF Suez), die sehr daran interessiert sind, durch Privatisierung und Deregulierung in anderen Ländern neue Märkte für Investitionen und ihre Güter zu finden. Die zentrale Lobbygruppe der Dienstleistungsunternehmen, das European Services Forum,[150] fordert:

„The European Services Forum is determined to work closely with the European institutions and their negotiators and to meet with services business representatives and officials from other trading partners with the view to building growing support for liberalisation of world trade in services. It will make regular assessments about the state of negotiations and will take its positions after comprehensive reports from the Commission."[151]

Diese Sektoren wurden bei WTO-Verhandlungen bisher größtenteils ausgelassen, und bieten daher auch einen Anreiz für die EU sie auf bilateraler Ebene auszuhandeln.

In den Jahren von 2005 bis 2006 wurden nur 5 Mio. € der 243 Mio. € MEDA-Hilfen für Demokratie und Menschenrechte aufgewendet, dagegen 80 Mio. € für Reformen des Wassersektors und noch einmal 80 Mio. € für den Gesundheitssektor in den nordafrikanischen Staaten.[152] Besonders europäische Unternehmen haben an der Deregulierung und Privatisierung des Wassersektors in den nordafrikanischen Staaten gut verdient. Veolia Environnement, früher Vivendi Environnement, eines der weltgrößten Wasserunternehmen aus Frankreich, hat z.B. einen 51-prozentigen Anteil an der 100-prozentigen Privatisierung des Wassersektors in Ägypten übernehmen können.[153]

---

149 Die Kommission senkte ihre Forderung für Maximalzölle auf chemische Erzeugnisse in multi- und bilateralen Verhandlungen von 25% auf 15%. Vgl. DECKWIRTH (2005): EU Corporate Trade Agenda, S. 22f.
150 Vgl. ebd., S. 24f.
151 Vgl. EUROPEAN SERVICES FORUM: Set of Principles, online verfügbar unter: http://www.esf.be/new/who-we-are/set-of-principles/ [19.09.2011].
152 Vgl. HOLDEN (2010): Security, power or profit, S. 23.
153 Vgl. KEENAN (2006): Security and Insecurity, S. 290.

Tab. 2: Güterhandel der EU mit Nordafrika; Legende: E = Exporte der EU; I = Importe der EU; Angaben in Mio. €; Quelle: EUROSTAT DATABASE, online verfügbar unter: http://epp.eurostat.ec.europa.eu/portal/page/portal/statistics/search_database [20.09.2011]

	Ägypten		Algerien		Marokko		Tunesien		Nordafrika	
	2001	2010	2001	2010	2001	2010	2001	2010	2001	2010
E Nahrungsmittel	552	1.304	1.256	1.882	532	957	258	500	2598	4643
E Chemische Erzeugnisse	1.281	2.325	1.005	2.081	689	1.440	667	1.067	3642	6913
E Grundstoffe	328	1.390	218	529	217	560	212	263	975	2742
E Brennstoffe	109	714	56	621	231	1.204	492	1.078	888	3617
I Nahrungsmittel	198	526	26	33	1.213	1.826	186	271	1623	2602
I Chemische Erzeugnisse	218	825	164	284	357	496	245	332	984	1937
I Grundstoffe	177	210	54	80	431	639	251	344	931	1273
I Brennstoffe	1.198	3.452	11.216	20.145	161	171	500	1.490	13075	25258

Wie Tabelle 3 zeigt, ist Nordafrika durchaus interessant für den Export von Nahrungsmitteln, den die EU zwischen 2001 und 2010 verdoppeln konnte, und der immer noch doppelt so groß ist wie der Import landwirtschaftlicher Erzeugnisse aus Nordafrika. Bei chemischen Erzeugnissen konnte die EU ihre Exporte in die Staaten des südlichen Mittelmeeres ebenfalls in dem Zeitraum verdoppeln und exportiert Güter im rund dreimal so hohen Wert in die nordafrikanischen Staaten. Auch die enorme Relevanz von Energieträgern als Importgut für die EU, besonders aus Algerien, aber auch aus Ägypten, wird deutlich, während überraschenderweise die Relevanz von Nordafrika für Grundstoffe nicht so erheblich ist, wie anfangs angenommen. Dennoch, generell gesehen erklärt die Handelsstruktur einige der Schwerpunkte, die die Partnerschaftsprogramme der EU gesetzt haben. Die EU-Staaten hatten unter außenhandelspolitischen Gesichtspunkten Interesse an der wirtschaftlichen Liberalisierung in Nordafrika und wenig Interesse an einer Anwendung der negativen Konditionalitätsklauseln, die für Verfehlungen bei den Reformen von Demokratie und Menschenrechten hätten angewendet werden können. Denn dieses hätte möglicherweise zu

Exporterlöseinbußen sowie der Verteuerung von Kohlenwasserstoffimporten geführt.

Daher ist die grundsätzliche Ausrichtung der EU-Partnerschaftsprogramme mit ihrer Liberalisierungsagenda nicht sonderlich verwunderlich, aber die Durchsetzung der Agenda lässt sich erst durch eine genaue Analyse der internen Aushandlungsprozesse in der EU erklären. Dabei sollte geklärt werden, welche Akteure sich konkret durchgesetzt haben und die Partnerschaftsprogramme konkret gestaltet haben.

3.2. EU-interne Aushandlungsprozesse

Arbeitshypothese 5: Das globale Interesse der wichtigsten EU-Akteure liegt im Bereich der Energieversorgung und Sicherung externer Märkte, weil starke Wirtschaftsakteure sich über Lobbyismus im institutionellen Gefüge der EU durchgesetzt haben.

3.2.1. Institutionelle Gründe für die Liberalisierungsagenda und den *top-down*-Ansatz

Ein Grund für die Art der Ausgestaltung der Partnerschaftsprogramme liegt im institutionellen Gefüge der EU und den dort bestehenden Machtbeziehungen begründet. Die Initiative zur Einrichtung der EMP ging zwar von der Kommission aus, inzwischen zeigt sich aber eine Verschiebung der Initiative, auch bei der konkreten Ausgestaltung des Prozesses, in Richtung des Rates, der immer mehr Einfluss auch auf prozedurale Fragen nimmt.[154] Zur Priorität der Demokratieförderung in den Ländern des Mittelmeers hat es unterschiedliche Ansichten zwischen den europäischen Politikakteuren gegeben. Der zentrale Akteur, der die Aufnahme von Demokratieförderung in die Verträge mit den Nachbarstaaten zuerst forderte und durchsetzte, war das Europäische Parlament, das sich durch seine Marginalisierung mit den Menschenrechten ein sicherheitspolitisches Nischenthema gesucht hatte, dem vonseiten der Mitgliedsstaaten wenig Beachtung geschenkt wurde.[155] Nur durch das Bestehen des EP wurden die Demokratieförderung und das MEDA-Demokratieprogramm in die EMP eingebunden. Durch die primäre Verortung der Entwicklungspolitik in den EG-Verträgen wurde dieser Außenpolitikbereich zu einem eigenständigen Teil der Gemeinschaftspolitik, in dem das EP folglich Mitentscheidungsbefugnisse hat und als Mitgesetzgeber

---

154 Vgl. SCHÄFER (2009): Regionalismus zurück zum Bilateralismus?, S. 74f.
155 Vgl. WIRTZ (2009): Das Europäische Parlament, S. 146f.

fungieren kann. In der Handelspolitik hat das EP kaum Mitwirkungsmöglichkeiten, lediglich über den Verlauf von internationalen Verhandlungen und die Inhalte von Abkommen wird es informiert. Das EP trat dafür ein, Entwicklungspolitik gezielt auf soziale Bewegungen in den Partnerländern vor Ort hin zu richten, um Demokratisierungsprozesse in den begünstigten Staaten zu unterstützen.[156] Das EP hat sogar in einigen Fällen seine Vetomacht eingesetzt, um Übereinkünfte mit Drittstaaten wegen Menschenrechtsfragen zum Halten zu bringen.[157] Doch das Europarlament kann bisher noch keine der Aufgaben eines (idealtypischen) nationalen Parlamentes (Öffentlichkeitsfunktion, Legislativfunktion, Budgetfunktion, Systemgestaltungs-funktion, Wahlfunktion, Kontrollfunktion) in Gänze wahrnehmen und hat nicht die Möglichkeit, die Anwendung der Klauseln in allen Fällen zu erzwingen.

Wie HOLDEN zeigt, waren zivilgesellschaftliche Gruppen und das EP wenig einflussreich bei der Gestaltung der Vergabepraxis der MEDA-Mittel. Interne Berichte zeigen, dass lediglich die GD *Handel* der EU-Kommission signifikanten Anteil an der Ausgestaltung und Umsetzung von MEDA-Projekten hatte. Ansonsten hat das Direktorat *F* (Naher Osten und südliche Mittelmeeranrainer) in der GD *für Außenbeziehungen* (*RELEX*) die Demokratisierungsprogramme formuliert und überwacht, während das GD *Entwicklung*, das hier eventuell entscheidende Eingaben hätte machen können, kaum beteiligt war. Für HOLDEN herrschte im Direktorat *F* eine bestimmte „Kultur" und Ideologie in Verbindung mit den Reformzielen im Mittelmeer vor, die im *top-down*-Ansatz und der Idee einer politischen Öffnung durch wirtschaftliche Liberalisierung mündete.[158] Der Unterschied zwischen der GD *Entwicklung* und GD *RELEX* in ihrer strategischen Herangehensweise an die Partnerländer der EU, liege, wie ORBIE & VERSLUYS bemerken, in der ungelösten Frage des Verhältnisses zwischen einer armutsreduzierenden Entwicklungspolitik und den globalen Anliegen der EU-Außenbeziehungen.[159] In der ENP sind Konditionalitäten daher größtenteils zu-

---

156 Vgl. ebd., S. 329–332.
157 Das EP gewann nach dem Ende des Kalten Krieges Interesse am Menschenrechtsdialog. 1987 blockierte es ein Finanzprotokoll für Marokko auf diesem und anderen Gebieten, u.a. dem Westsaharaproblem. Vgl. JOFFÉ (2008b): Democracy and Counter-Terrorism, S. 151.
158 Vgl. für die Ausführungen HOLDEN (2009): Structural power.
159 Vgl. ORBIE & VERSLUYS (2009): International Development Policy, S. 69f. Während der Amtszeit der Prodi-Kommission sollten die EU-Institutionen und die Verantwortlichkeiten in der Kommission kohärenter gemacht werden. Kritiker sehen in den Maßnahmen eine dramatische Beschneidung des Entwicklungsressorts zugunsten des Außenbeziehungs- und Handelsressorts. Bei der institutionellen Architektur ist auch die Abschaffung des Entwicklungsrates im Jahr 2002 zu nennen, die zur Einführung von

rückgefahren worden. Die ENP ist vor allem von Außenpolitikern und -experten, weniger von Entwicklungspolitikern und –experten, geschaffen und ausgestaltet worden. Die Mitarbeiter der ehemaligen GD *Erweiterung* sind größtenteils in die Generaldirektion für die ENP gewechselt. Hier war der Einfluss und die Erfahrung aus der EU-Erweiterung der GD *RELEX* am größten und die Konzepte von Konditionalität wurden zurückgefahren und dafür Anreizstrukturen für Verbesserungen geschaffen. Die ENP wurde ein stark administratives Projekt, das sehr wenig Intervention von Legislativapparaten wie dem EU-Parlament und nationalen Parlamenten erfuhr.[160]

Zudem existiert, wie eingangs bereits erwähnt, in der *Erklärung von Barcelona* eine Formulierung, wonach sich alle an der EMP beteiligten Staaten dazu verpflichten, nicht in die inneren Angelegenheiten eines anderen Staates einzugreifen. Im Ministerrat selbst bestand zu keinem Zeitpunkt eine Interessenkonvergenz zwischen den Mitgliedsstaaten zwecks Unterbrechung eines Assoziationsabkommens wegen Menschenrechtsverletzungen oder fehlender demokratischer Reformen, noch über einen Kriterienkatalog für die Feststellung und Sanktionierung von Verstößen.[161]

3.2.2. Lobbyarbeit der europäischen Unternehmen bei der EU

Die Arbeit der Kommission ist geprägt von Lobbyarbeit, die oft als sehr undurchsichtig und undemokratisch bezeichnet wird. Tatsächlich überschreitet die Zahl der Lobbyisten inzwischen die Zahl der EU-Beamten deutlich.[162] Lobbyismus ist nicht gleich verteilt über die Generaldirektionen der Kommission,[163] denn die größte Aktivität herrscht in der GD *für Unternehmen und Industrie* (221 Gruppen).

Am wenigsten Lobbygruppen finden sich in den Generaldirektionen *für Fischerei* (10) und *für humanitäre Angelegenheiten* (13). Im Bereich *Handel* sind

---

Entwicklungsfragen in den Rat für Auswärtige Angelegenheiten führte, wodurch jene marginalisiert wurden.
160 Vgl. TOVIAS (2010): Mediterranean Nonmember States, S. 174f.
161 Vgl. SCHUMACHER (2005): Internationaler Akteur, S. 371.
162 Vgl. DECKWIRTH (2005): EU Corporate Trade Agenda, S. 3f.
163 Die Kommission bestand bis zu den Neuregelungen nach dem Vertrag von Lissabon zuletzt aus 38 Generaldirektionen und einer Anzahl zentralisierter Dienste. Nahezu alle Generaldirektionen verfügen über Abteilungen, die sich mit den außenpolitischen Fragestellungen ihres Ressorts befassen, während vier Generaldirektionen alleine Außenkompetenzen wahrnehmen, sodass die Kommission über etwa 4.000 Mitarbeiter im Bereich Außenbeziehungen verfügte. Vgl. ZEPTER (2009): Strukturen, S. 23.

64 Gruppen aktiv, bei *Außenbeziehungen* 32, bei *Entwicklung* 51 und bei *Landwirtschaft* 100.[164]

Besonders die starken Lobbyverbände der großen europäische Unternehmen und der Landwirtschaftskooperativen haben großen Einfluss auf die Arbeit der EU genommen und sicherstellen wollen, dass sie sehr gut von der Umsetzung der Bedingungen des *Washington Konsensus* und den Vorgaben der EMP und ENP profitier können. Laut ADOUSE gibt es momentan in der EU keine Konstellation von EU-Unternehmen, die direkt lobbyistisch an einer stärkeren ökonomischen Anbindung der nordafrikanischen Staaten arbeiten würde.[165] Das mag richtig sein, wenn man auf den spezifischen geographischen Schwerpunkt von Lobbygruppen achtet, stimmt aber m.E. nicht, wenn man die allgemeine Außenhandelsagenda der EU in Betracht zieht. Innerhalb der EU existiert ein breiter Konsens, sowohl unter EU-Beamten als auch transnationalen Konzernen und ihren Lobbys, dass internationale Wettbewerbsfähigkeit, verstanden als Sicherung der kurzfristigen Interessen großer Unternehmen, der Schlüssel für wirtschaftliche Prosperität ist. Lobbyismus ist kein unidirektionales Verhältnis von Privatinteressen zu den EU-Institutionen, sondern ist besser als eine Austauschbeziehung zwischen interdependenten öffentlichen und privaten Akteuren zu verstehen, die auf gleichen Ziel- und Wertvorstellungen basiert.[166]

Seit Mitte der 1990er-Jahre hat die europäische Wirtschaftselite, die vorher für offene Märkte innerhalb Europas und für Freihandel in der Welt warb, begonnen, für größeren Marktzugang außerhalb Europas als Ziel der Agenda der EU-Außenbeziehungen zu etablieren. Die Kommission hat demzufolge eine Freihandels- und Wettbewerbsagenda angenommen und das Konzept der „*Wettbewerbsfähigkeit*" im Einklang mit der neoliberalen Idee des uneingeschränkten Marktes zum zentralen Diskursstrang erhoben, der das allgemeine Interesse aller

---

164 Vgl. BOUWEN (2009): European Commission, S. 24. Weitere Ziele des Lobbyismus bilden der 133er-Ausschuss, der sich aus höheren Beamten aus allen 25 Mitgliedsstaaten, die meist aus den nationalen Ministerien für Handel, Außenbeziehungen oder Finanzen rekrutiert werden, und Kommissionsbeamten zusammensetzt. Dieser Ausschuss berät die Kommission in allen Handelsfragen. Hier agieren die Lobbygruppen, indem sie auf nationaler Ebene über die Ministerien auf die Mitglieder Einfluss zu nehmen suchen.

165 Lediglich die Agrarlobbys der mediterranen EU-Mitgliedsstaaten würden das Feld der Mittelmeerpolitik bearbeiten, wobei sie darauf bedacht sein, die Handelsbarrieren gegen Agrarprodukte aus den nordafrikanischen Staaten aufrechtzuerhalten. Vgl. Haytham ADOUSE (2008): Die euro-mediterrane Partnerschaft. Europäische Ambitionen und nahöstliche Realitäten, Berlin: Schiler, S. 201f.

166 Vgl. auch Pieter BOUWEN (2009): The European Commission, in: David COEN & J. J. RICHARDSON [Hrsg.]: Lobbying the European Union. Institutions, actors, and issues, Oxford & New York: Oxford University Press, S.19–38, hier: S. 19.

EU-Bürger repräsentieren soll.[167] Die EU verfolgt diese Agenda nicht nur in multilateralen Verhandlungen, sondern auch auf regionaler und bilateraler Ebene, u.a. mit den Wirtschaftspartnerschaftsabkommen und Assoziationsabkommen.

3.2.3. Enge Verbindung der Eliten

Eine weitere Erklärung für den *top down*-Ansatz bietet eine das institutionelle Gefüge umspannende enge Verbindung der Eliten der nordafrikanischen Staaten zu den Eliten in Europa. Größtenteils sind die Machthaber Nordafrikas in Westeuropa selbst ausgebildet worden. Der frühere Innenminister und Generaldirektor für Nationale Sicherheit und spätere Präsident Tunesien Ben Ali war an der Militärakademie in Saint-Cyr, Frankreich, und an Militär- und Geheimdienstschulen in den USA ausgebildet worden und unterhielt persönliche Beziehungen mit einigen französischen Persönlichkeiten, besonders unter den Sozialisten. Die algerischen Präsidenten Liamine Zéroual und Abdelaziz Bouteflika unterhielten und unterhalten enge Beziehungen zu französischen Senatoren, Abgeordneten, Militärs und Geheimdienstlern, wie z.b. dem früheren Chef des französischen Gegenspionagedienstes. Persönliche Verhältnisse von französischen Eliten und Spitzenpolitikern zur Nomenklatura der Mittelmeerländer beeinflussten die französische Außenpolitik gegenüber dem Mittelmeer fundamental. Französische Politiker und höhere Beamte haben in den Verhandlungen auf EU-Ebene zu den Partnerschaftsabkommen immer darauf bestanden, eine Konditionalität bei den politischen Auflagen zu limitieren, um die Herrscher in den südlichen Mittelmeerstaaten zu schützen.[168]

Die Regime verstanden es, wie das Regime von Ben Ali z.B., sich unter der Elite in Europa Zustimmung zu ihren politischen Maßnahmen zu verschaffen. Das Bild eines aufgeklärten modernen Staates ließ das Regime in Tunis in die Welt senden, indem es 1990 eine Propagandaanstalt, die Agentur für Außen-

---

167 Vgl. DECKWIRTH (2005): EU Corporate Trade Agenda, S. 3f. Mehr als die Hälfte der 100 größten transnationalen Konzerne haben ihre Hauptquartiere in der EU. U.a. werben zwei der stärksten Lobbygruppen (der European Round Table, der Club der 45 Wirtschaftsführer großer europäischer transnationaler Konzerne, und der Arbeitgeberverband Businesseurope) für die Wettbewerbskampagne; vgl. für die Wettbewerbsagenda auch Bastiaan VAN APELDOORN (2000): Transnationale Klassen und europäisches Regieren: Der European Table of Industrialists, in: Hans-Jürgen BIELING [Hrsg.]: Die Konfiguration Europas - Dimensionen einer kritischen Integrationstheorie, Münster: Westfälisches Dampfboot), hier: S.189–221, S. 208ff.

168 Vgl. POWEL (2010): Stability syndrome, S. 67f; vgl. auch MEYREDE (1999): France's Foreign Policy, S. 44.

kommunikation (Agence Tunisienne de Communication Extérieure) gründete, die ein positives Bild des Staates im Ausland zeigen sollte. Auch Institutionen im Ausland, die mit dem Regime verbunden waren, unterstützten das positive Bild einer aufgeklärten Diktatur auf dem Wege zur Demokratie, wie das Institut für Wirtschafts- und Finanzstudien in Toulon, Frankreich. Der Staatspräsident Ben Ali ist oft mit Auszeichnungen und Medaillen, u.a. von der italienischen Menschenrechtsliga für seine „Erfolge" im Kampf für die Menschenrechte bedacht worden.[169] Zudem stellte das Regime umfassende Gelder für Werbemaßnahmen zur Verfügung (u.a. Einladung und Beschenkung ausländischer Journalisten, Parlamentarier und Entscheidungsträger durch die Agentur für Außenkommunikation und das Tourismusbüro).

So lässt sich feststellen, dass sowohl die enge Verbundenheit der Eliten auf beiden Seiten des Mittelmeeres und starke Wirtschaftsinteressen, die sich im institutionellen System der EU durchgesetzt haben, dazu geführt haben, dass die EU einen *top-down*-Ansatz der Reform mit dem Fokus auf wirtschaftlichen Umstrukturierungen unter Einbeziehung der amtierenden Machthaber in Nordafrika für ihre Partnerschaftsprogramme gewählt hat. Gleichzeitig ist auch eine zunehmende Fokussierung auf Sicherheitsfragen aufgetreten, wobei Prozesse, die ursprünglich wenig unter die Logik von Sicherheitspolitik gestellt worden war, plötzlich mit dieser behandelt wurden.

3.3. Versicherheitlichung der EU-Mittelmeer-Beziehungen

Arbeitshypothese 6: Sicherheitsakteure in der EU haben ihre Sicherheitsagenda in Nordafrika priorisieren können, weil sie es geschafft haben, die Beziehungen zu den nordafrikanischen Staaten zu versicherheitlichen.

3.3.1. Evolution der EU-Sicherheitsagenda gegenüber dem Mittelmeer

Anfang der 1970er-Jahre gerieten der internationale (islamistische) Terrorismus und die Bedrohung der konstanten Ölversorgung aus dem arabischen Raum zunehmend in den Blick der Politik in Europa. Spektakuläre terroristische Aktionen wie die Geiselnahme bei den Olympischen Spielen 1972 in München und die Ölkrisen 1973 und 1979/80, die in den Industrieländern Rezessionen auslösten, ließen diese beiden Themenkomplexe auf den nationalen Sicherheits-

---

169 Vgl. BENSEDRINE & MESTIRI (2005): Despoten, S. 82–88.

agenden an Dringlichkeit gewinnen. Ein zentraler Ort der Intervention wurde die Region des Mittelmeers. Als schließlich zuvor bestehende militärische Bedrohungen durch staatliche Armeen nach dem Ende des Ost-West-Konflikts verschwanden, nahmen die EU-Länder verstärkt sub- und innerstaatliche Prozesse in den südlichen Mittelmeerstaaten als Bedrohung wahr. In den 1990er-Jahren rückten der internationale (islamistische) Terrorismus, aber auch Migrationsströme, sowohl aus dem Raum der ehemaligen Sowjetunion, aber auch über das Mittelmeer, verstärkt ins Blickfeld und wurden als große Sicherheitsrisiken perzipiert. Besonders die Migration, obwohl immer vorhanden, wurde in den EU-Mitgliedstaaten immer sichtbarer, erstmals auch in Spanien, das zuvor kein Nettoeinwanderungsland gewesen war und daher den Punkt durch die Mittelmeeragenda der EU in Form der EMP auf europäischer Ebene behandelt wissen wollte. Dazu traten immer mehr Probleme, die Einwanderer in die nationalen Wirtschaften zu integrieren. Diese Faktoren liefern eine zusätzliche Erklärung für die Entstehung der EMP und die Betonung der Sicherheitsfacette, deren Initiator die spanische Regierung war.[170]

3.3.2. Anschläge vom 11. September 2011 und der *Global War on Terror*

Die Anschläge vom 11. September 2001 in den USA haben enorme Veränderungen bezüglich der Prioritätensetzung in den Außenpolitiken der westlichen Industrienationen zur Folge gehabt. Die Beziehungen der USA, und in deren Kielwasser der europäischen Staaten, zu den arabischen Regimen haben eine verstärkte Fokussierung auf Sicherheitsfragen und den von den USA ausgerufenen *Global War on Terror* erfahren. Weil auch die US-Politik gegenüber Nordafrika unter Präsident George W. Bush vor allem von Sicherheitsbedenken geprägt war, senkten die USA ihre Bedingungen für demokratischen Wandel in der Region und unterstützten die autoritären Regime vor Ort, um durch sie Mithilfe bei der Durchsetzung der neuen globalen Sicherheitsagenda zu erhalten und in Nordafrika Stabilität zu erzeugen.[171] Ägypten und, wie neue Erkenntnisse zei-

---

170 Für die wandelnde Sicherheitsperzeption des Mittelmeeres vgl. BICCHI (2002): Actors and Factors, S. 16f; vgl. auch Federica BICCHI (2007): European foreign policy making toward the Mediterranean, Europe in transition: the NYU EU studies series, New York: Palgrave Macmillan, S. 181.
171 Vgl. Yahia H. ZOUBIR (2008): The United States, Islamism, Terrorism, and Democracy in the Maghreb. The Predominance of Security?, in: Yahia H. ZOUBIR & Haizam AMIRAH-FERNÁNDEZ [Hrsg.]: North Africa. Politics, region, and the limits of transformation, London: Routledge, S.266–293, hier: S. 287f.

gen, auch Libyen wurden in das globale Netzwerk des *Extraordinary Rendition Program* des US-Nachrichtendienstes, der Central Intelligence Agency (CIA), aufgenommen, bei dem Terrorverdächtige ohne Anklage in diese Länder zum Verhör geliefert wurden.[172]

Die Regime in Ägypten, Algerien, Marokko und Tunesien schafften es, Vorteile aus den neuen Möglichkeiten, die die Bush-Administration mit dem *Global War on Terror* anbot, für eigene Ziele zu nutzen. Einerseits legitimierte der „Krieg" den Notstand, um unliebsame Proteste zu unterdrücken, im In- und Ausland oder dämmte zumindest die Kritik ein. Alle Staaten entwarfen meist schon wenige Monate nach den Anschlägen neue nationale Gesetze zur Terrorabwehr, die oftmals sehr weitgefasste Definitionen von „Terror" enthielten und dazu führten, dass in allen Ländern der Grad der Repression gegen alle Formen von zivilgesellschaftlicher Opposition zugenommen hat. Die neue globale Sicherheitsagenda wurde von allen Regimen genutzt, um neben dem Kampf gegen gewaltbereite islamistische Organisationen auch legitime Opposition zu unterbinden und zu unterdrücken, in dem Oppositionelle als „Terroristen" oder „islamistische Extremisten" gebrandmarkt wurden.[173]

3.3.3. Erklärungsansatz für die Versicherheitlichung (*securitization*)

Den hohen Stellenwert, den die Sicherheitsagenda in den EU-Partnerschaftsprogrammen hat, lässt sich damit erklären, dass es politischen Sicherheitsakteuren, zuvorderst den nationalen Regierungen, den Innenministern und ihnen zuarbeitende Intellektuellen gelungen ist, die Beziehungen zwischen der EU und Nordafrika zu versicherheitlichen. Die Grundannahme der Versicherheitlichungstheorie (*securitization theory*) ist, dass kein Problem von sich aus eine Gefahr darstelle, sondern erst über einen Sprachakt problematisiert werde.[174] Dieser

---

172 Dass diese Verdächtigen dabei in Rechtssysteme gerieten, die Folter anwendeten und die Menschenrechte nicht einhielten, hat die US-Regierung dabei bewusst in Kauf genommen. Vgl. ALEXANDER (2009): Mubarak in the international arena, S. 146; vgl. auch LOEWENSTEIN (2008): Blogging revolution, S. 60.
173 Vgl. Clement M. HENRY (2008): Reverberations in the Central Maghreb of the "Global War on Terror", in: Yahia H. ZOUBIR & Haizam AMIRAH-FERNÁNDEZ [Hrsg.]: North Africa. Politics, region, and the limits of transformation, London: Routledge, S.294–310, hier: S. 298–302. Für die Militärhilfen an die Staaten Nordafrikas durch die USA und deren Auswirkungen vgl. KEENAN (2006): Security and Insecurity, S. 271–279.
174 Vgl. Ole WÆVER (2000): The EU as a security actor: reflections from a pessimistic constructivist on post-sovereign security orders, in: Morten KELSTRUP & Michael C. WIL-

Sprechakt wird „*securitization*" oder seltener auf Deutsch „Versicherheitlichung" genannt. Mit Versicherheitlichung ist ein Schritt gemeint, bei dem ein politischer Akteur als Versicherheitlicher (*securitizing actor*) auftritt und ein Objekt bezeichnet, das er als in Gefahr, als in seiner Existenz bedroht kennzeichnet, und so versucht, es aus dem Bereich der Politik mit ihren „normalen" Aktions- und Verfahrensmuster in den Bereich der Sicherheit mit anderen Aktions- und Verhaltensmuster zu nehmen. Dadurch versucht er, für sich außerordentliche Maßnahmen zur Sicherung dieses Objekts zu legitimieren. Sicherheit ist somit das Ergebnis einer Bewegung, die Politik außerhalb eines mit anerkannten Spielregeln verrechtlichten Feldes trägt und das Problem als oberhalb normaler Politik konzeptualisiert. *Securitization* beinhaltet eine Ablehnung der normalen operierenden Regeln, die die Beziehung zwischen zwei Einheiten beherrschen. Nach der These von *securitization* werden Sicherheitsprobleme also konstruiert, um ein Problem a) besonders wichtig zu machen und b) mit dieser Wichtigkeit den Einsatz außerordentlicher Mittel (besonders militärischer Gewalt) zu legitimieren.[175] Balzacq definiert s*ecuritization* als

> „[…] articulated assemblage of practices whereby heuristic artefacts (metaphors, policy tools, image repertoires, analogies, stereotypes, emotions, etc.) are contextually mobilized by a securitizing actor, who works to prompt an audience to build a coherent network of implications (feelings, sensations, thoughts, and intuitions), about the critical vulnerability of a referent object, that concurs with the securitizing actor's reasons for choices and actions, by investing the referent subject with such an aura of unprecedented threatening complexion that a customized policy must be undertaken immediately to block its development."[176]

Der Ansatz fokussiert besonders auf den Staat und die Eliten, die das Verhalten des Staates determinieren. Wenn ein bestimmtes Objekt als bedroht bezeichnet wird, dann kann vor allem der Staat, d.h. die Regierung und die von ihr eingesetzten Sicherheitsinstitutionen, ein besonderes Recht zu seiner Sicherung in Anspruch nehmen, dessen Ausgestaltung vom Staat und seinen Eliten definiert wird und oftmals antidemokratische Elemente enthält. Öffentliche Funktionäre fänden es einfacher, ein Problem zu versicherheitlichen, weil sie, basierend auf

---

LIAMS [Hrsg.]: International relations theory and the politics of European integration. Power, security and community, London: Routledge, S.250–294.

175 Vgl. Michael BERNDT (2007): Die „Neue Europäische Sicherheitsarchitektur". Sicherheit in, für und vor Europa?, Wiesbaden: VS Verlag für Sozialwissenschaften, S. 112.

176 Thierry BALZACQ (2011): A theory of securitization. Origins, core assumptions, and variants, in: Thierry BALZACQ [Hrsg.]: Securitization theory. How security problems emerge and dissolve, Milton Park, Abingdon, Oxon & New York: Routledge, S.1–30, hier: S. 3.

ihrem politischen Kapital, einflussreiche Positionen im Sicherheitsfeld hielten und einen privilegierten Zugang zu den Medien hätten.[177]

3.3.4. Versicherheitlichung der Beziehungen zum Mittelmeer

Seit einigen Jahren werden drei Themen in den Beziehungen zu den südlichen Mittelmeerstaaten als Bedrohung für die EU konzipiert. Zum einen der transnationale islamistische Terrorismus, zum zweiten die Machtergreifung islamistischer Bewegungen und die Migration vorwiegend junger Menschen über das Mittelmeer nach Europa.

Wie bereits gesehen basieren die Partnerschaftsprogramme der EU auf dem *top down*-Ansatz der Reform unter Mithilfe der regierenden Eliten und Demokratisierungsprogrammen, die religiös-politische Bewegungen von der Finanzierung ausschließen, um die Übernahme der Regierungsgewalt von Islamisten zu verhindern. Zudem wird den Machthabern im Kampf gegen den Terrorismus beinahe freie Hand gelassen, die Opposition zu unterdrücken, wenn dafür islamistische Bewegungen zerschlagen werden.

Darüber hinaus wird die Migration, vor allem junger Arbeitsloser, als Sicherheitsbedrohung angesehen. Die vor allem mit Booten ankommenden Menschen aus Nordafrika, aber auch Flüchtlinge aus Subsahara-Afrika, werden immer öfter nicht mehr als „Asylsuchende", sondern als „illegale" Flüchtlinge mit nicht-humanitären Motivationen konzipiert.[178] Angefangen mit dem internationalen Flüchtlingsregime, das nach dem Zweiten Weltkrieg ausgehandelt wurde, um einen internationalen Standard für den Umgang von Staaten mit Flüchtlingen zu kreieren, wurden Flüchtlingsströme versicherheitlicht, d.h. als Abnormität der normalen Staat-Bürger-Beziehung und als Bedrohung der internationalen Sicherheit konzipiert, die einer standardisierten internationalen Antwort bedurfte. Dazu wurden ein Entscheidungsfindungsapparat und ein Set von Verhaltensrichtlinien geschaffen, die in internationalem Recht und innerstaatlicher Praxis verankert wurden.[179]

---

177 Vgl. Ole WÆVER (1995): Securitization and Desecuritization, in: Ronnie D. Lipschutz [Hrsg.]: On security, New York: Columbia University Press), S.46–86.
178 Vgl. Christoph MARISCHKA (2006): Militarisierte Bevölkerungspolitik - zum Umgang der EU mit Flüchtlingen, in: Tobias PFLÜGER & Jürgen WAGNER [Hrsg.]: Welt-Macht EUropa. Auf dem Weg in weltweite Kriege, Hamburg: VSA, S.301–311, hier: S. 304.
179 Vgl. Scott D. WATSON (2009): The securitization of humanitarian migration. Digging moats and sinking boats, Routledge advances in international relations and global politics 74, London: Routledge, S. 33f.

Doch inzwischen wird diese Praxis durch verschiedene Prozesse gestört. Politische Akteure in der EU tendieren dazu, um die Migration aufzuhalten, auf repressive Maßnahmen zu setzen und diese durch Versicherheitlichung zu legitimieren. In der medialen Berichterstattung tendieren Journalisten dazu, die Beteiligung von Immigranten und Flüchtlingen in Gewalt und anderen Formen illegaler Praktiken zu betonen. Gleichzeitig erhalten in Folge der Politikverdrossenheit und wachsender sozio-ökonomischer Disparitäten in den Industrieländern rechtspopulistische und xenophobe Parteien und Politiker wachsenden Zuspruch.[180] Exemplarisch seien die Worte Silvio Berlusconis und einiger italienischer Minister aufgeführt, als 2011 nach den Umbrüchen in Nordafrika die 15-jährige Zusammenarbeit zur Flüchtlingsabwehr mit Tunesien zusammenbrach und mehrere tausend Flüchtlinge auf der italienischen Mittelmeerinsel Lampedusa eintrafen. Die Flüchtlinge wurden als „Exodus von biblischen Ausmaßen", „menschlicher Tsunami", „Invasion" und „schwarze Gefahr" bezeichnet.[181]

3.3.5. Neue Sicherheitsmechanismen und -institutionen

Durch die erfolgreiche Versicherheitlichung, die die politischen Akteure in der EU vornahmen, konnten neue Sicherheitsmechanismen und –institutionen geschaffen werden, um den perzipierten Problemen begegnen zu können. Die ESS stellt fest, dass das zentrale Anliegen der EU sein muss, in der Nachbarschaft einen „Ring gut-verwalteter Länder" anzulegen, um die eigene Sicherheit zu gewährleisten, und dass „die vorderste Verteidigungslinie" der Sicherheit und des Wohlstandes der EU oft außerhalb der EU liegen wird. In der Umsetzung der ESS kam es zu einem massiven Ausbau der Geheimdienstkooperation und des euro-mediterranen Grenzregimes durch die EU und ihre Mitgliedsstaaten mit den nordafrikanischen Ländern. Diese Interessenlage war auch ausschlaggebend

---

180 Vgl. Jef HUYSMANS (2000): Contested community: migration and the question of the political in the EU, in: Morten KELSTRUP & Michael C. WILLIAMS [Hrsg.]: International relations theory and the politics of European integration. Power, security and community, London: Routledge, S.149–170, hier: S. 164.

181 Die rechte Lega Nord, die die Berlusconi-Koalition unterstützt, machte schnell mit rassistischen und xenophoben Äußerungen Stimmung gegen die Migranten und Asylsuchenden. Die italienische Regierung reagierte darauf und Berlusconi ließ wissen, er wolle die Insel „befreien". Die FRONTEX-Mission Hermes wurde zur Bewältigung der Krise eingesetzt. Erst nach der Unterzeichnung eines Abkommens mit der neuen tunesischen Regierung nach der Revolution über die Fortsetzung der Zusammenarbeit in der Flüchtlingsabwehr hat sich die Rhetorik geändert. Vgl. Paola MONZINI (2011): Recent Arrivals of Migrants and Asylum Seekers by Sea to Italy: Problems and Reactions, Madrid: Real Instituto Elcano, online verfügbar unter: http://www.realinstitutoelcano.org/wps/portal/rielcano_eng/Content?WCM_GLOBAL_CONTEXT=/elcano/elcano_in/zonas_in/ari75-2011 [15.09.2011], S. 3–7.

für die beginnende Einbindung Libyens in Partnerschaftsprogramme der EU. Bei der Flüchtlingsabwehr und Einrichtung von Auffanglagern für Flüchtlinge und Migranten ist Libyen ein entscheidender Partner. Libyen ist der einzige Maghreb-Staat, in dem solche Lager bisher mehr oder weniger offiziell existieren und der Rückführungen konsequent umsetzte.[182] Libyen hat im Jahre 2005 knapp 48.000 Menschen aus der EU zurückgeführt, von denen angeblich knapp 35.600 freiwillig zurückkehrten. Zusätzlich hat Libyen nach Angaben der EU im Jahre 2003 43.000 und im Jahre 2004 54.000 Menschen zurückgeführt.[183] Im Dezember 2010 hat die Kommission 10 Mio. € des ENPI für die Kontrolle des Migrantenstroms, der Libyen als Transitpunkt nimmt, für die libyschen Autoritäten budgetiert. Zwar startete das Projekt nicht, aber ein ähnliches wurde im Februar 2010 zwischen dem italienischen Innenministerium und der libyschen Regierung ausgehandelt. Mit dem Projekt, das mit dem Beginn des Libyen-Konflikts abrupt beendet wurde, wurden für 10 Mio. € aus dem DCI, das eigentlich Entwicklung befördern und Armut bekämpfen soll, Überwachungskapazitäten gesteigert.[184]

Insgesamt zeigen Budgetaufwendungen, dass der von der EU angeblich gewollte „*comprehensive approach*" der Migrationssteuerung, der also sowohl Abwehrinstrumente, als auch proaktive Maßnahmen zur Überwindung der Migrationsanreize in den Entwicklungsländern umfassen soll, aus der Balance ist. Zum größten Teil werden restriktive Maßnahmen angewendet. Rund die Hälfte der Gelder für die finanzielle Unterstützung auf dem Feld der Migration wird für das Management der Migrationsströme verwendet, und nur ein kleiner Teil ist für die Bekämpfung der Ursachen der Migration, verbucht. Auch Teile der MEDA-Hilfen wurden für den Zweck der Verschärfung von Grenzkontrollen genutzt, so waren etwa 40 Mio. € von MEDA II allein für den Bau von Grenzkontrollanlagen im Norden von Marokko vorgesehen.[185] Bis 2007 wurden rund 155 Millionen Euro für justizielle und polizeiliche Maßnahmen unter MEDA ausgegeben.[186]

Zugleich sind autonome europäische Institutionen entstanden, die sich mit der Sicherheit der EU-Außengrenzen befassen, aber u.a. von Flüchtlingsorgani-

---

182 Vgl. BENSEDRINE & MESTIRI (2005): Despoten, S. 60–63; vgl. auch BANK (2006): Nah- und Mittelostpolitik, S. 168 und COLLYER (2008): Externalization of EU Policy?, S. 166.
183 Vgl. Belachew GEBREWOLD-TOCHALO (2007a): Migration Theories and African Migration to Europe, in: Belachew GEBREWOLD-TOCHALO [Hrsg.]: Africa and Fortress Europe, Aldershot & Burlington: Ashgate, S.85–106, hier: S. 100.
184 Vgl. OPEN EUROPE (2011): Good neighbours?, S. 9.
185 Vgl. STERCKX (2009): External Dimension, S. 132ff.
186 Vgl. JOFFÉ (2008b): Democracy and Counter-Terrorism, S. 164.

sationen wegen ihrer fehlenden Transparenz und Kontrolle durch demokratische Institutionen kritisiert werden,[187] und im ständigen Kontakt mit ihren Partnern im Süden stehen. Eine der elementaren neugeschaffenen Institutionen ist FRONTEX, die Europäische Agentur für die operative Zusammenarbeit an den Außengrenzen, die im Jahre 2004 mit Sitz in Warschau eingerichtet wurde. Die Agentur bemüht sich um nachrichtendienstliche Koordinierung, die Harmonisierung der Ausbildung von europäischen Grenzhütern und eine Risikoanalyse, zugleich soll sie die Bereitstellung von schnellen EU-Eingreiftrupps, die beispielsweise in Zeiten großer Flüchtlingsströme zur Flüchtlingsabwehr herangezogen werden können, koordinieren.[188] Dazu betreibt FRONTEX kooperative Maßnahmen mit den Nachbarländern der EU zur Sicherung der Außengrenzen der EU, inklusive Rückführung von unerwünschten Migranten, die in Europa aufgegriffen werden. FRONTEX hat operationelle wie haushaltsmäßige Autonomie und wird vom *Management Board* gesteuert, das aus den Chefs der nationalen Grenzsicherungsdienste der Mitgliedsstaaten und der Mitglieder des Schengenraums sowie zwei Repräsentanten der Kommission besteht. Das Budget, das größtenteils von der Kommission bereitgestellt wird, stieg von 6,2 Mio. € im Jahre 2005 auf 35 Mio. € im Jahre 2007. Ein großes Projekt für das Mittelmeer, das FRONTEX beaufsichtigt, ist das *European Patrols Network* an der Südflanke der EU in Kooperation mit den Mittelmeeranrainern, die dadurch in der Ausführung ihrer Grenzsicherungsaufgaben verbessert werden sollen.[189]

Die EU verfolgt eine „*mediterranen solution*"[190], d.h. dass die Migranten im Maghreb festgehalten werden sollen, bis ihre Anfragen überprüft wurden, und erst wenn sie als Flüchtlinge feststehen, in die EU eingelassen werden. Viele der angestrebten Zentren existieren bereits als informelle Lager, entlang der Route von Algerien oder Libyen nach Tunesien und Marokko (siehe Karte).

---

187 Vgl. Sonia SIRTORI & Patricia COELHO (2007): Defending Refugees' Access to Protection in Europe, Brüssel: European Council on Refugees and Exiles, online verfügbar unter: http://www.ecre.org/component/downloads/downloads/60.html [19.09.2011]. Wie JOFFÉ bemerkt, hat dieser Prozess entscheidende Auswirkungen auf die Haftbarkeit, weil diese Institutionen zum Teil die zentralen Institutionen der EU und die nationalen Parlamente umgehen. Vgl. JOFFÉ (2008b): Democracy and Counter-Terrorism, S. 165.
188 Vgl. SCHÄFER (2009): Regionalismus zurück zum Bilateralismus?, S. 73.
189 Vgl. Ilkka LAITINEN (2007): Frontex and African Illegal Migration to Europe, in: Belachew GEBREWOLD-TOCHALO [Hrsg.]: Africa and Fortress Europe, Aldershot & Burlington: Ashgate, S.127–137.
190 Für den Ausdruck vgl. COLLYER (2008): Externalization of EU Policy?, S. 173 [Kursivsetzung der Verfasser]. Die Idee der „pacific solution" (Australien ließ in Zeit von 2001 bis 2007 Asylsuchende von der Gesellschaft trennen und auf einer einsamen Pazifikinsel warten, bis ihre Anfragen bearbeitet wurden) hat trotz Kritik von NGOs Schule gemacht.

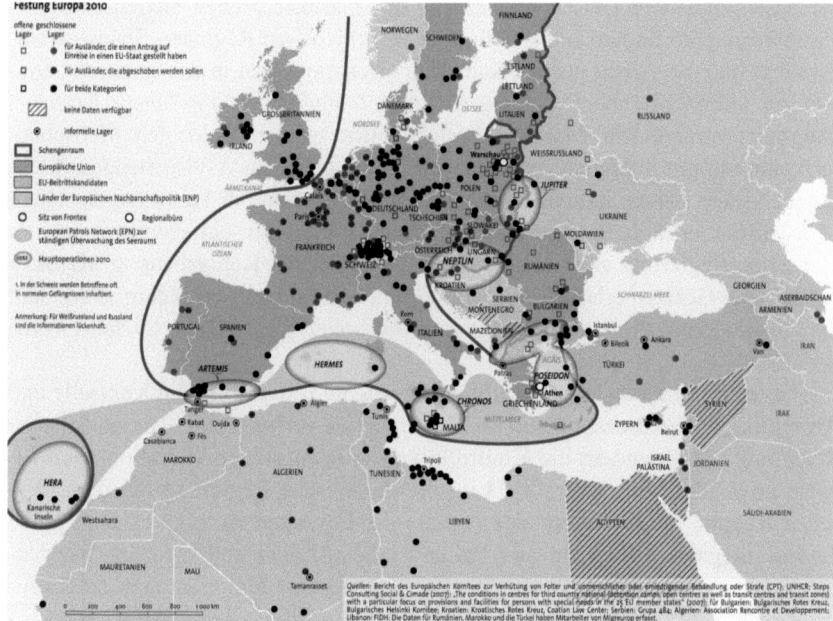

Abb. 1: Lager in und um Europa; *Quelle:* LE MONDE DIPLOMATIQUE, *online verfügbar unter:* http://www.monde-diplomatique.de/karten/view.php?pagesize=10&page=2&id=584 [15.09.2011]

3.3.6. Sicherheitsagenda auf bilateraler Ebene

Neben der auf der EU-Ebene verorteten Agenda, seit die Justiz und Migrationspolitik mit dem *Vertrag über die EU* in den Aufgabenbereich der EU gefallen ist, verfolgen die EU-Mitgliedsstaaten ihre Sicherheitsagendas auch in bilateralen Verhandlungen. Vor allem die französische, italienische und spanische Regierung suchten Sicherheitspolitiken, die auf stärkere Grenzkontrolle und die Überwachung von inländischen Migrantengemeinschaften setzten, auch innerhalb der EU durchzusetzen.

Die spanische Regierung kooperiert eng mit dem marokkanischen Königshaus, um Migranten vom Festland und den nordafrikanischen Enklaven Ceuta und Melilla fernzuhalten. Im Jahre 1992 stimmte Marokko zu, afrikanische Migranten, die die spanischen Enklaven unerlaubt erreicht hatte, aufzunehmen und 1996 wurden erstmals Migranten zurückgeführt.[191] Die spanische Regierung ließ

---

191 Vgl. ECHEVERRÍA JESÚS (1999): Spain, S. 104.

die Zusammenarbeit zwischen ihren und den marokkanischen Sicherheitsdiensten intensivieren, indem Liaisonbüros in verschiedenen Regionen Spaniens eingerichtet und die Arbeit nordafrikanischer Grenzpolizeien in das spanische System zur Grenzküstenüberwachung (*Sistema Integrado de Vigilancia Exterior*) integriert wurden. Mit Marokko bestehen trotz seiner schlechten Menschenrechtakte mit gut dokumentierter Gewalt im Umgang mit Asylsuchenden Rücksendeverträge seitens Italiens und Spaniens. Das Regime in Tunesien, das ebenso Rückführverträge, die auch Nichtstaatsangehörige einschließen, mit der italienischen Regierung abgeschlossen hat, wie auch das Königshaus in Marokko haben neue Gesetze erlassen, die Migration nach Europa verhindern sollen und die Unterstützung für illegale Migration mit hohen Strafen (u.a. 20 Jahre Haft) versehen.[192]

Italien lieferte bewaffnete Patrouillenboote an Libyen, um die Kontrolle und Abwehr von Migrationsströmen im Mittelmeer zu verbessern.[193] Die italienische Regierung wollte zudem die Kontrolle von unerwünschter Migration nach Libyen ausgliedern. Im Jahr 2004 kam die italienische Regierung mit dem libyschen Regime zu der Übereinkunft, dass die libyschen Autoritäten eine große Anzahl illegaler Migranten aus Italien zurücknähmen und diese in Internierungslagern halten würden, um sie schließlich in ihre Heimatstaaten zurückzuführen.[194]

Großbritanniens Regierung hat 2003 eine erste Initiative zu Einrichtung von Transitlagern als neue Form des Flüchtlingsschutzes ins Leben gerufen. Die deutsch-italienische Initiative von Auffanglagern für Asylbewerber in Nordafrika wurde vom Europäischen Parlament im Jahre 2005 abgewiesen, nachdem die deutsche und italienische Regierung die Idee im Jahr 2004 auf dem EU-Ratstreffen in Thessaloniki mit Unterstützung des Europakommissars für Justiz, Freiheit und Sicherheit eingebracht hatten. Im April 2005 verabschiedete das EP eine Resolution, die das Verhalten der italienischen Regierung im Zusammenhang mit den Rückführungen beanstandete. Daraufhin begann die italienische Regierung mit bilateralen Verhandlungen über Rückführverträge mit den nordafrikanischen Staaten.[195] Der Vorschlag, Auffanglager für Migranten und

---

192 Vgl. Martin BALDWIN-EDWARDS (2006): 'Between a Rock and a Hard Place': North Africa as a Region of Emigration, Immigration and Transit Migration, in: Review of African Political Economy 33 (108), S.311–324, hier: S. 318f.
193 Vgl. YOUNGS (2006a): Shadow, S. 101.
194 Libyen hat als einziger Maghreb-Staat nicht die Genfer Konvention über den Status von Flüchtlingen von 1951 oder das Zusatzprotokoll von 1967 unterzeichnet. Vgl. COLLYER (2008): Externalization of EU Policy?, S. 170.
195 Vgl. BENSEDRINE & MESTIRI (2005): Despoten, S. 37; Vgl. auch BALDWIN-EDWARDS (2006): 'Between a Rock and a Hard Place', S. 320–321.

Flüchtlinge in Nordafrika zu errichten, wurde zwar von EU-Kommission und EU-Parlament abgelehnt, wird von den Innenministern der Mitgliedsstaaten aber kontinuierlich umgesetzt. Bei ihrem Treffen im Jahre 2004 wurde der Aufbau von fünf „Aufnahmezentren für Migranten" in Algerien, Libyen, Mauretanien, Marokko und Tunesien beschlossen. Der Prozess der Externalisierung der Justiz und innenpolitischen Aufgaben durch den Aufbau militärisch kontrollierter Lager und die Vision regionaler Schutzzonen können als Versuch verstanden werden, die Macht und Souveränität der EU über die territorialen Grenzen hinaus polizeilich und militärisch auszudehnen und Gebiete zu schaffen, die unter ihrer Kontrolle, aber nicht unter dem Recht der EU liegen.[196] „Fortress Europe is expanding: the territory and the borders of third countries are new sites for EU governance. They constitute the primary *locus* for the Union to intervene."[197]

Gleichsam sollte nicht außeracht gelassen werden, dass ein „Problem" mit den Migranten, die über das Mittelmeer kommen, besteht.[198] Es gibt drei Hauptrouten der Migration aus Afrika über das Mittelmeer nach Europa: a) die Westroute über Marokko auf spanisches Territorium, b) die zentrale Route über Libyen und Tunesien nach Italien und Malta, c) die Ostroute über den Mittleren Osten, die Türkei und Ägypten nach Griechenland und Italien.[199] Doch die in Europa vorgenommene sicherheitspolitische Überhöhung der Migration liefert den Nährboden für Menschenrechtsverletzungen und Panik in der europäischen Bevölkerung. GEBREWOLD-TOCHALO stellt für die EU fest, dass „[i]ts immigration policy has become a policy of threat."[200] Die Neuankömmlinge werden zu Konkurrenten um die Arbeitsplätze der autochthonen Bevölkerung, zu einer Bedrohung ihrer kulturellen Identität und der eigenen Unversehrtheit hochstilisiert. Die Vorstellung, auch Frauen und Kinder könnten die sozialen Systeme der europäischen Wohlfahrtsstaaten unterwandern, gewinnt an Dominanz. Durch die Konzeption von angeblicher „schädlicher Masseneinwanderung" sind schutzsuchende Menschen, darunter viele Frauen und Kinder, gezwungen, in Auffanglagern in Südeuropa oder Nordafrika unter unmenschlichen Bedingungen eingesperrt und Diskriminierung und Gewalt ausgesetzt zu sein.[201]

---

196 Vgl. MARISCHKA (2006): Militarisierte Bevölkerungspolitik, S. 305f.
197 STERCKX (2009): External Dimension, S. 136.
198 BOOTH weist zu Recht darauf hin, dass auch außerhalb des Sprechaktes ein Sicherheitsproblem vorhanden sein kann. Vgl. Ken BOOTH (2007): Theory of world security, Cambridge: Cambridge University Press, S. 165.
199 Vgl. LAITINEN (2007): Frontex, S. 136.
200 Belachew GEBREWOLD-TOCHALO (2007b): Securitization of Migration and the Civilizing Process, in: Belachew GEBREWOLD-TOCHALO [Hrsg.]: Africa and Fortress Europe, Aldershot & Burlington: Ashgate, S.171–179, hier: S. 172.
201 Vgl. ebd., S. 173f.

3.7. Zwischenfazit

So lässt sich das Vorgehen der Sicherheitsakteure in der EU mit FLOYD als eine negative Versicherheitlichung charakterisieren. Sie unterscheidet mit Rückgriff auf die *Kritischen Sicherheitsstudien* Versicherheitlichungsversuche in negative Versicherheitlichung, die als eine politische Lösung definiert werden, die nur einem engen Personenkreis dient und/oder mit einem zu kleinen Fokus die zugrunde liegenden Probleme der vorherrschenden Unsicherheit nicht anspricht. Positive Versicherheitlichung dagegen ist für sie eine ernsthafte politische Lösung, die am besten getragen von einem breiten politischen Konsens der Mehrheit, ein Sicherheitsproblem besser angeht, als es eine politische (d.h. nicht durch Sicherheitsakteure durchgeführte) Lösung es getan hätte.[202] Tatsächlich ist Entsicherheitlichung nicht immer das probate Mittel, wie von einigen Theoretikern der Versicherheitlichung gefordert. Die Entsicherheitlichung z.B. von Rassismus oder anderen Arten der Unterdrückung kann gerade ihr Aufblühen bewirken. Die Wirkung von Versicherheitlichung ist kontextabhängig.[203] Doch grade im Fall des Umgangs mit Migranten im Mittelmeer und den religiös-politischen Oppositionsbewegungen in den nordafrikanischen Staaten scheint die EU mit dem Ansatz der Versicherheitlichung nicht erfolgreich zu sein. Das „Problem" der Migration ist bisher nicht kleiner geworden, nur die Zahl der an den Außengrenzen Getöteten größer geworden. Zudem hat der *„Arabische Frühling"* gezeigt, dass die Gefahr religiös-politischer Gruppierungen in der Opposition nicht unnötig übertrieben werden muss. Sowohl in Tunesien als auch in Ägypten ist der Widerstand und sind die Proteste größtenteils ohne die islamistischen Bewegungen abgelaufen. Zwar ist es wohl richtig nicht mit religiös fundamentalen Gruppen zusammenzuarbeiten oder sie in EU-Förderprogramme aufzunehmen, allerdings scheint die beinahe kategorische Ablehnung der Zusammenarbeit mit Oppositionsgruppen ohne Rückgriff auf die Machthaber in den Ländern Nordafrikas in ihrer Effektivität der Demokratisierung höchst fragwürdig. Doch wie gesehen sind die EMP und die ENP der EU nicht einfach nur Programme, die die wirtschaftliche Entwicklung und Demokratisierung der Nachbarstaaten unterstützen sollen, sondern eingebunden in die Interessen der EU-Akteure. Breitere Außenpolitikziele (die Terrorismusbekämpfung und die Beschränkung illegaler Migration) und kommerzielle Interessen (die Abhängigkeit von Energieressourcen und die die Exportnotwendigkeit der EU-Wirtschaft) wurden gegenüber demokratischen Reformen priorisiert. „In reality, the poverty

---

202 Vgl. Rita FLOYD (2007): Towards a consequentialist evaluation of security: bringing together the Copenhagen and the Welsh Schools of security studies, in: Review of International Studies 33 (2), S.327–350, hier: S. 342ff.
203 Vgl. BOOTH (2007): Theory of world security, S. 168f.

and insecurity of hundreds of millions of human beings is seen as a blank canvass by the EU, upon which it can impose its models of society and governance."[204]

So lässt sich mit CAVATORTA zusammenfassen, dass die Regime im südlichen Mittelmeeres vom Westen geduldet wurden, wenn sie: a) die Energiezufuhr aufrechterhielten, b) den Aufstieg des Islam(ismus) verhinderten, c) Liberalisierung erlaubten, um den Anforderungen des internationalen Kapitals zu genügen und d) Migration einschränkten. Ihre Umsetzung der Demokratieförderungsprogramme war zweitrangig. Zur Legitimierung betonten die Eliten der EU die demokratischen Aspekte der Maghreb-Staaten. Kosmetische Demokratisierungsreformen und marginale Zugeständnisse an die Opposition ließen die nordafrikanischen Staaten als ihre Schuldigkeit tuend erscheinen.[205]

---

204 HOLDEN (2009): Structural power, S. 190.
205 Vgl. Francesco CAVATORTA (2001): Geopolitical Challenges to the Success of Democracy in North Africa: Algeria, Tunisia and Morocco, in: Democratization 8 (4), S.175–194, S. 181–182.

4. Fazit

In dieser Arbeit sollte gezeigt werden, warum die Demokratisierungsprogramme der EU, die sie für die nordafrikanischen Länder aufgesetzt hat, nicht erfolgreich waren. Seit 1995 hat die EU offiziell versucht, die Staaten Nordafrikas in ihren Nachbarschaftsprogrammen EMP und ENP, neuerdings auch in der UfM, zu demokratisieren und wirtschaftliche Entwicklung zu unterstützen. Doch empirische Evidenz zeigt, dass bis 2011 alle Staaten weiterhin von autokratischen Regimen, teils unter Ausnahmezustand, regiert wurden. Erst mit dem „*Arabischen Frühling*" konnten zwei Regime, Ben Ali in Tunesien und Mubarak in Ägypten, gestürzt werden.

In der Forschungsliteratur gibt es unterschiedliche Ansichten über die Gründe für die eher mäßigen Erfolge der Programme. Primär wird den Programmen der EU ein genuin „guter" Charakter unterstellt, deren Umsetzung fehlerhafte technische Instrumente behindern. Obwohl die knappe finanzielle Ausstattung und die fehlenden Sanktionsmechanismen für die Nichteinhaltung von Reformen seitens der Partnerländer durchaus negative Effekte auf die Demokratisierungsbemühungen haben (Arbeitshypothese 1), ist diese Begründung allein nicht befriedigend.

Aus der tieferen Betrachtung des Problemfeldes kommt man nicht umhin, die grundsätzliche Konzeption der Reformprogramme, die eine wirtschaftliche Liberalisierung der Partnerländer über die Beziehungen zu den Eliten in jenen Ländern (*top-down*), um dadurch einen politischen Wandel zu erzeugen, kritisch zu beleuchten. Wie gezeigt war diese Konzeption wenig erfolgreich, weil die politischen Eliten der Partnerländer die Umsetzung der politischen Reformbestrebungen boykottierten und die wirtschaftlichen Reformen dazu nutzten, ihre Patronagenetzwerke zu unterhalten. Die Machthaber in Nordafrika konnten über die Privatisierungen und Deregulierungen, die durch die Weltfinanzinstitutionen angetrieben wurden, und auch in den Wirtschaftsagenden der EU-Programme angelegt waren, sich und ihre engsten Zirkel bereichern. Die neuentstandene Klasse der Privatunternehmer wurde nicht zu politischen Reformern, sondern von den Machthabern kooptiert, und die sozioökonomische Situation für große Teile der Bevölkerung verschlechterte sich ebenso wie die Lage oppositioneller Kräfte. (Arbeitshypothese 2).

Der hohe Stellenwert, der überdies der Sicherheitsagenda, gerade nach den Anschlägen vom 11. September 2001, beigemessen wurde, hatte zusätzliche negative Auswirkungen auf die Reformbemühungen in Nordafrika. Durch enge Kooperation auf dem Feld der Terrorismusbekämpfung und der Migrationskontrolle konnten die Machthaber in Nordafrika ihre starken Sicherheits- und Repressionsapparate legitimieren und ohne laute Gegenstimmen aus den USA und der EU die Opposition in ihrer Arbeit behindern. (Arbeitshypothese 3).

Diese Probleme wurden von der EU zwar teilweise rezipiert, aber nicht grundlegend verändert. Daher scheint es, dass die an die Eliten in Nordafrika gebundenen Reformen mit ihrem Fokus auf wirtschaftlicher Liberalisierung und dem Feld der Sicherheit in Sinne der globalen Agenda der EU ist, weil sie die Interessen starker Interessengruppen in der EU repräsentieren. Diese Interessengruppen umfassen die Wirtschaftsinteressen der großen Unternehmens- und Landwirtschaftsverbände an Exportmärkten und günstigen Ressourcenimporten sowie die Sicherheitsinteressen der nationalen Regierungen an konstanter Energieversorgung (Arbeitshypothese 4).

Diese Interessen haben sich, wie gezeigt, tatsächlich im institutionellen Gefüge der EU durchgesetzt. Die Wirtschaftsagenda der EU wird dominiert von den Interessen großer globaler transnationaler Konzerne und Landwirtschaftskooperativen, die durch ihre Lobbyarbeit bei der EU-Kommission erfolgreich einen Konsens unter den meisten EU-Beamten im GD *Handel* und GD *RELEX* erzeugen konnten, der ihre Interessen wahrt. In der Ausgestaltung der EMP und ENP haben sich die Ansichten der GD *Handel* und GD *RELEX* dann durchgesetzt. Die nationalen Regierungen haben es vermocht, ihre Sicherheitsagenden in großen Teilen in die EU-Programme einzubringen. Wenn dies nicht möglich war, so wurden bilaterale Abkommen mit den nordafrikanischen Staaten unterzeichnet. Gleichzeitig sind Eingaben vom Europäischen Parlament, das zwar die Einrichtung von verpflichtenden Klauseln zur Demokratisierung und Achtung von Menschenrechten für die Partnerländer in die Assoziationsabkommen einbrachte, deren Aktivierung aber in vielen Fällen nicht einfordern konnte. Insgesamt ist der Einfluss zivilgesellschaftlicher Gruppen und des Europäischen Parlaments auf die Reformprogramme der EU gering gewesen (Arbeitshypothese 5).

Die Präponderanz der Sicherheitsagenda für die EU und ihre Mitgliedsstaaten erklärt sich aus der neuen globalen Sicherheitsagenda, die die USA nach den Anschlägen vom 11. September 2001 entworfen haben. In ihrem *Global War on Terror* wurden regierende Machthaber in autoritären Staaten unterstützt, solange sie islamistische Bewegungen, die als Vorboten des Terrorismus galten, bekämpften. Für die EU kommt hinzu, dass die nationalen Regierungen es vermocht haben, die Migration, die aus Nordafrika über das Mittelmeer nach Europa kommt, zu versicherheitlichen, d.h. sie als Bedrohung für die herrschende Ordnung in der EU zu konzipieren. Dadurch versetzten sie sich in die Lage, verstärkt auf Sicherheitskooperation mit den autoritären Regimen und polizeilich-militärische Abwehrmaßnahmen gegen Migranten, die die europäischen Küsten erreichen wollten, zu setzen (Arbeitshypothese 6).

In Anbetracht der Ergebnisse scheint es daher nicht verwunderlich, dass die Diskussion über die Partnerschaftsprogramme eher auf der operationellen Ebene stattfindet, während die Entwicklungs- und Reformstrategien an und für sich nicht diskutiert werden. Dabei schließt das Rahmenwerk mit seiner Konzeption von einer Demokratisierung durch wirtschaftliche Liberalisierung viele alternative Ansätze gleich von vorneherein aus.[206] Dazu kommt, dass die westlichen Politiker die Zivilgesellschaft behandeln als wäre sie „beliebig manipulierbar, willenlos und unreif. Als wäre sie eine geschichtslose, abstrakte soziologische Kategorie. Sie ignorieren ihre prometheischen Kämpfe."[207] Stattdessen werden, auch aus Angst vor der Machtübernahme von Islamisten, die Machthaber in den autokratischen Staaten unterstützt. Die Unterstützung für funktionierende staatliche Institutionen kommt allerdings nicht notwendigerweise vor der Entwicklung einer voll ausgebildeten liberalen Demokratie. Schon gar nicht kann sie sie ersetzen.[208] Wenn die EU jedoch eine effektive Demokratisierung umsetzen wollte, müsste sie wirtschaftliche Kooperation einsetzen, die nicht den Machteliten diente, Konditionalität, die angewandt und überwacht würde, ein Engagement mit der Opposition und ein Einfrieren der Militär- und Polizeiabkommen, die nur die illegitimen Sicherheitsbehörden stärken.[209] Doch dies scheint angesichts tiefergehender Interessen vorerst unwahrscheinlich. Denn die Demokratisierungsprogramme sind ideologisch eingebunden in die vorherrschende Vorstellung der europäischen Politikeliten von *top-down*-Demokratieexport, neoliberalem Staatsumbau, Demokratisierung durch ökonomisches Wachstum und Marktliberalisierung, sowie die Behandlung von wichtigen politischen Fragen wie Migration und religiös-politische Opposition mit der Rhetorik und Praxis von Sicherheitspolitik, die sich in der Wirklichkeit in ihrer Wirkmächtigkeit als höchst fragwürdig erwiesen.

Diese Arbeit hat einen groben Überblick über die Problematik der Demokratisierungsbemühungen durch die Partnerschaftsprogramme der EU mit den Staaten in Nordafrika geben wollen und dabei ein breites Feld mit komplexen Interaktionsprozessen gestreift. Doch das Feld ist alles andere als erschöpft. Besonders die Entscheidungsfindungsprozesse in der EU bezüglich Nordafrika, die lobbyistischen Interessen und der Prozess der Versicherheitlichung, aber auch die Ergebnisse der Partnerschaftsprogramme und die Wirksamkeit ihrer Konzepte könnten in Anschluss an diese Arbeit noch detaillierter in künftiger Forschung herausgearbeitet werden. Zusätzlich hat diese Arbeit die Probleme und

---

206 Vgl. HOLDEN (2009): Structural power, S. 57.
207 BENSEDRINE & MESTIRI (2005): Despoten, S. 22.
208 Vgl. TASSINARI (2009): Europe fears its neighbors, S. 111.
209 Vgl. CAVATORTA, CHARI & KRITZINGER (2006): European Union and Morocco, S. 9.

Fehlentwicklungen in den Partnerschaftsprogrammen angesprochen, so dass im Anschluss möglich sein sollte, keine rein normativen, sondern praxisrelevante Lösungs- und Änderungsvorschläge für eine effizientere Demokratisierung der nordafrikanischen Staaten zu finden. Dies ist zukünftigen Forschungsarbeiten vorbehalten. Dabei müssten die Arbeiten auch die Zivilgesellschaft in Nordafrika, die entgegen den aus vielen Richtungen lautstark verkündeten kulturalistischen Begründung nicht unfähig zu Demokratie ist, stärker berücksichtigen.

5. Literaturverzeichnis

Primärquellen

AFRICAN EUROPE FAITH AND JUSTICE NETWORK (2010): *Arms exports and transfers: Europe to Africa, by Country*, online verfügbar unter: http://www.aefjn.org/tl_files/aefjnfiles/arms/arms_material%20eng/1101AEFJN ReportArmsEurope_Africa_eng.pdf [15.09.2011].

BP (2011): *BP Statistical Review of World Energy, June 2011*, online verfügbar unter: http://www.bp.com/assets/bp_internet/globalbp/globalbp_uk_english/reports_and_publications/statistical_energy_review_2011/STAGING/local_assets/pdf/statistical_review_of_world_energy_full_report_2011.pdf [15.09.2011].

CIA FACTBOOK, online verfügbar unter: https://www.cia.gov/library/ publications/the-world-factbook/index.html [18.09.2011]

EUROPÄISCHE KOMMISSION (2003a): *Mitteilung der Kommission an das Europäische Parlament und den Rat über die Entwicklung einer Energiepolitik für die erweiterte Europäische Union, ihre Nachbarn und Partnerländer*, online verfügbar unter: http://eurlex.europa.eu/LexUriServ/LexUriServ.do?uri=CELEX:52003DC0262R%2801%29:DE:HTML [20.09.2011], (KOM(2003) 262 endgültig).

--- (2003b): *Mitteilung der Kommission an den Rat und das Europäische Parlament. Größeres Europa - Nachbarschaft: Ein neuer Rahmen für die Beziehungen der EU zu ihren östlichen und südlichen Nachbarn*, online verfügbar unter: http://ec.europa.eu/world/enp/pdf/com03_104_de.pdf [20.09.2011], (KOM(2003) 104 endgültig).

--- (2004): *Mitteilung der Kommission. Europäische Nachbarschaftspolitik. Strategiepapier*, online verfügbar unter: http://eurlex.europa.eu/ LexUriServ/LexUriServ.do?uri=COM:2004:0373:FIN:DE:PDF [20.09.2011], (KOM(2004) 373 endgültig).

EUROPÄISCHER RAT (1996): *Council Regulation on financial and technical measures to accompany (MEDA) the reform of economic and social structures in the framework of the Euro-Mediterranean partnership*, in: *Official Journal of the European Communities* (L 189), S. 1-9, (1488/96).

EUROPÄISCHE UNION (1995): *Barcelona declaration. Adopted at the Euro-Mediterranean Conference*, 27-28.11.1995, online verfügbar unter: http://trade.ec.europa.eu/doclib/docs/2005/july/tradoc_124236.pdf [19.09.2011].

--- (1998): *Europa-Mittelmeer-Abkommen zur Gründung einer Assoziation zwischen der Europäischen Gemeinschaft und ihren Mitgliedstaaten einer-*

seits und der Tunesischen Republik andererseits, in: *Amtsblatt der Europäischen Union* 41 (L 97), S.2–174, (98/238/EG).

--- (2004): *Europa-Mittelmeer-Abkommen zur Gründung einer Assoziation zwischen den Europäischen Gemeinschaften und ihren Mitgliedstaaten einerseits und der Arabischen Republik Ägypten andererseits*, in: *Amtsblatt der Europäischen Union* 47 (L 304), S.39–208, (2004/636/EG).

--- (2006): *Regulation of the European Parliament and the Council laying down general provisions establishing a European Neighbourhood and Partnership Instrument*, in: *Official Journal of the European Union* (L 310), S. 1-14, (1638/2006).

--- (2007a): *Aktionsplan EU-Ägypten*, online verfügbar unter: http://ec.europa.eu/world/enp/pdf/action_plans/egypt_enp_ap_final_de.pdf [15.09.2011].

--- (2007b): *The EU in the world. The foreign policy of the European Union*, Luxembourg: Office for Official Publications of the European Communities.

EUROSTAT DATABASE, online verfügbar unter: http://epp.eurostat.ec.europa.eu/portal/page/portal/statistics/search_database [20.09.2011].

EUROPEAN SERVICES FORUM: *Set of Principles*, online verfügbar unter: http://www.esf.be/new/who-we-are/set-of-principles/ [19.09.2011].

FREEDOM HOUSE INDEX (2011), online verfügbar unter: http://www.freedomhouse.org/images/File/fiw/historical/FIWAllScoresCountries1973-2011.xls [20.09.2011].

Ian O. LESSER (2000): *The future of NATO's Mediterranean initiative. Evolution and next steps*, Santa Monica & Valencia: RAND & Generalitat Valenciana.

LE MONDE DIPLOMATIQUE, online verfügbar unter: http://www.monde-diplomatique.de/karten/view.php?pagesize=10&page=2&id=584 [15.09.2011].

TRANSPARENCY INTERNATIONAL (2010): *Corruption Perceptions Index*, online verfügbar unter: http://www.transparency.org/content/download/55725/890310 [19.09.2011].

WORLDBANK DATABASE, online verfügbar unter: http://databank.worldbank.org/ddp/home.do [20.09.2011].

Sekundärliteratur

Haytham ADOUSE (2008): Die euro-mediterrane Partnerschaft. Europäische Ambitionen und nahöstliche Realitäten, Berlin: Schiler.

Anne ALEXANDER (2009): Mubarak in the international arena, in: Rabab El-Mahdi & Philip Marfleet [Hrsg.]: Egypt. The Moment of Change, London & New York: Zed Books, S.136–150.

Christopher ALEXANDER (2010): Tunisia. Stability and reform in the modern Maghreb, The contemporary Middle East 9, London: Routledge.

Martin BALDWIN-EDWARDS (2006): 'Between a Rock and a Hard Place': North Africa as a Region of Emigration, Immigration and Transit Migration, in: Review of African Political Economy 33 (108), S.311–324.

Thierry BALZACQ (2011): A theory of securitization. Origins, core assumptions, and variants, in: Thierry Balzacq [Hrsg.]: Securitization theory. How security problems emerge and dissolve, Milton Park, Abingdon, Oxon & New York: Routledge, S.1–30.

André BANK (2006): Die Nah- und Mittelostpolitik der EU: Kontrollstrategien im zivilen Gewand, in: Tobias Pflüger & Jürgen Wagner [Hrsg.]: Welt-Macht EUropa. Auf dem Weg in weltweite Kriege, Hamburg: VSA, S.164–174.

Elena BARACANI (2010): U.S. and EU Strategies for Promoting Democracy, in: Federiga M. Bindi [Hrsg.]: The foreign policy of the European Union. Assessing Europe's role in the world, Washington, D.C.: Brookings Institution Press, S.303–314.

Sihem BENSEDRINE & Omar MESTIRI (2005): Despoten vor Europas Haustür. Warum der Sicherheitswahn den Extremismus schürt, München: Kunstmann.

Michael BERNDT (2007): Die „Neue Europäische Sicherheitsarchitektur". Sicherheit in, für und vor Europa?, Wiesbaden: VS Verlag für Sozialwissenschaften.

Federica BICCHI (2002): Actors and Factors in European Foreign Policy Making: Insights from the Mediterranean Case, EUI Working Paper 2002/47, San Domenico.

--- (2007): European foreign policy making toward the Mediterranean, Europe in transition: the NYU EU studies series, New York: Palgrave Macmillan.

Ken BOOTH (2007): Theory of world security, Cambridge: Cambridge University Press.

Pieter BOUWEN (2009): The European Commission, in: David Coen & J. J. Richardson [Hrsg.]: Lobbying the European Union. Institutions, actors, and issues, Oxford & New York: Oxford University Press, S.19–38.

Jason BROWNLEE (2007): Authoritarianism in an age of democratization, Cambridge: Cambridge University Press.

Ray BUSH (2009): The land and the people, in: Rabab El-Mahdi & Philip Marfleet [Hrsg.]: Egypt. The Moment of Change, London & New York: Zed Books, S.51–67.

Sheila CARAPICO (2002): Foreign Aid for Promoting Democracy in the Arab World, in: The Middle Eastern Journal 56 (3), S.379–395.

Vincent CASTEL, Paula XIMENA MEJIA & Jacob KOLSTER (2011): African Development Bank North Africa Quaterly Analytical. The BRICs in North Africa: Changing the Name of the Game?, online verfügbar unter: http://www.afdb.org/fileadmin/uploads/afdb/Documents/Publications/the%20B RICs%20in%20North%20Africa%20First%20annual%20ok_Mise%20en %20page%201.pdf [18.09.2011].

Francesco CAVATORTA (2001): Geopolitical Challenges to the Success of Democracy in North Africa: Algeria, Tunisia and Morocco, in: Democratization 8 (4), S.175–194.

Francesco CAVATORTA, Raj CHARI & Sylvia KRITZINGER (2006): The European Union and Morocco. Security through authoritarianism?, IHS Political Science Series 110, online verfügbar unter: http://aei.pitt.edu/6784/ [15.09.2011].

Michael COLLYER (2008): Emigration, Immigration, and Transit in the Maghreb. Externalization of EU Policy?, in: Yahia H. Zoubir & Haizam Amirah-Fernández [Hrsg.]: North Africa. Politics, region, and the limits of transformation, London: Routledge, S.159–178.

Steven A. COOK (2007): Ruling but not governing. The Military and Political Development in Egypt, Algeria, and Turkey, Baltimore: Johns Hopkins University Press.

Jean-François DAGUZAN (2008): France and the Maghreb. The End of the Special Relationship?, in: Yahia H. Zoubir & Haizam Amirah-Fernández [Hrsg.]: North Africa. Politics, region, and the limits of transformation, London: Routledge, S.331–347.

Christina DECKWIRTH (2005): The EU Corporate Trade Agenda. The role and the interests of corporations and their lobby groups in Trade Policy-Making in the European Union, Brüssel: Seattle to Brussels Network.

Raffaella A. DEL SARTO & Tobias SCHUMACHER (2005): From EMP to ENP: What's at Stake with the European Neighbourhood Policy towards the Southern Mediterranean?, in: European Foreign Affairs Review (10), S.17–38.

Bradford DILLMANN (2001): Facing the Market in North Africa, in: The Middle Eastern Journal 55 (2), S.198–215.

Vincent DURAC (2010): The impact of external actors on the distribution of power in the Middle East: the case of Egypt, in: Francesco Cavatorta & Vincent Durac [Hrsg.]: The foreign policies of the European Union and the United States in North Africa. Diverging or converging dynamics?, London & New York: Routledge, S.72–85.

Carlos ECHEVERRÍA JESÚS (1999): Spain and the Mediterranean, in: Stelios Stavridis [Hrsg.]: The foreign policies of the European Union's Mediterranean states and applicant countries in the 1990s, University of Reading European and international studies, Basingstoke: Macmillan, S.98–112.

Aida Seif EL-DAWLA (2009): Torture: a state policy, in: Rabab El-Mahdi & Philip Marfleet [Hrsg.]: Egypt. The Moment of Change, London & New York: Zed Books, S.120–135.

Rabab EL-MAHDI & Philip MARFLEET [Hrsg.] (2009): Egypt. The Moment of Change, London & New York: Zed Books.

Noha EL-MIKAWY (1999): Perceptions of the social role of the state in Egypt, in: Enid Hill [Hrsg.]: Discourses in contemporary Egypt: Politics and social issues, Cairo papers in social science 22 (4), Cairo: American University in Cairo Press, S.36–64.

Ahmad EL-SAYED EL NAGGAR (2009): Economic policy: from state control to decay and corruption, in: Rabab El-Mahdi & Philip Marfleet [Hrsg.]: Egypt. The Moment of Change, London & New York: Zed Books, S.34–50.

Jennifer L. ERICKSON (2008): Normative Power and EU Arms Transfer Policy: A Theoretical Critique and Empirical Test, Discussion Paper SP IV 2008-301, Berlin: Wissenschaftszentrum Berlin für Sozialforschung.

Jörg FAUST & Dirk MESSNER (2005): Europe's New Security Strategy: Challenges for Development Policy, in: The European Journal of Development Research 17 (3), S.423–436.

Rita FLOYD (2007): Towards a consequentialist evaluation of security: bringing together the Copenhagen and the Welsh Schools of security studies, in: Review of International Studies 33 (2), S.327–350.

Belachew GEBREWOLD-TOCHALO (2007a): Migration Theories and African Migration to Europe, in: Belachew Gebrewold-Tochalo [Hrsg.]: Africa and Fortress Europe, Aldershot & Burlington: Ashgate, S.85–106.

--- (2007b): Securitization of Migration and the Civilizing Process, in: Belachew Gebrewold-Tochalo [Hrsg.]: Africa and Fortress Europe, Aldershot & Burlington: Ashgate, S.171–179.

Richard GILLESPIE (2004): A Political Agenda for Region-building? The EMP and Democracy Promotion in North Africa, Berkeley: University of California, Institute of European Studies, online verfügbar unter: http://www.escholarship.org/uc/item/3gr3m8sh [15.09.2011].

Benjamin HEESE (2009): Die Union für das Mittelmeer. Zwei Schritte vor, einen zurück?, Region, Nation, Europa 59, Berlin & Münster: Lit.

Clement M. HENRY (2008): Reverberations in the Central Maghreb of the "Global War on Terror", in: Yahia H. Zoubir & Haizam Amirah-Fernández [Hrsg.]: North Africa. Politics, region, and the limits of transformation, London: Routledge, S.294–310.

Patrick HOLDEN (2009): In search of structural power. EU aid policy as a global political instrument, Aldershot: Ashgate.

--- (2010): Security, power or profit? The economic diplomacy of the US and the EU in North Africa, in: Francesco Cavatorta & Vincent Durac [Hrsg.]: The foreign policies of the European Union and the United States in North Africa. Diverging or converging dynamics?, London & New York: Routledge, S.10–27.

Jef HUYSMANS (2000): Contested community: migration and the question of the political in the EU, in: Morten Kelstrup & Michael C. Williams [Hrsg.]: International relations theory and the politics of European integration. Power, security and community, London: Routledge, S.149–170.

George JOFFÉ (2008a): European Policy and the Southern Mediterranean, in: Yahia H. Zoubir & Haizam Amirah-Fernández [Hrsg.]: North Africa. Politics, region, and the limits of transformation, London: Routledge, S.311–330.

--- (2008b): The European Union, Democracy and Counter-Terrorism in the Maghreb, in: Journal of Common Market Studies 46 (1), S.147–171.

Jeremy H. KEENAN (2006): Security and Insecurity in North Africa, in: Review of African Political Economy 33 (108), S.269–296.

Babak KHALATBARI (2004): Naher Osten, Nordafrika und die EU im 21. Jahrhundert. Die euro-mediterrane Partnerschaft zwischen Anspruch und Wirklichkeit, Studien zur internationalen Politik, Wiesbaden: Deutscher Universitäts-Verlag.

Viktoriya KHASSON, Syuzanna VASILYAN & Hendrik VOS (2009): 'Everybody Needs Good Neighbours': The EU and its Neighbourhood, in: Jan Orbie [Hrsg.]: Europe's global role. External policies of the European Union, Farnham: Ashgate, S.217–238.

Stephen J. KING (2009): The new authoritarianism in the Middle East and North Africa, Indiana series in Middle East studies, Bloomington: Indiana University Press.

Michèle KNODT & Sebastiaan PRINCEN [Hrsg.] (2003): Understanding the European Union's external relations, Routledge ECPR studies in European political science 29, London: Routledge.

Michèle KNODT & Sigita URDZE (2006): Die Europäische Union als Exporteur von Demokratie und Rechtsstaatlichkeit, in: Peter-Christian Müller-Graff [Hrsg.]: Die Rolle der erweiterten Europäischen Union in der Welt, Schriftenreihe des Arbeitskreises Europäische Integration e.V. 57, Baden-Baden: Nomos Verlagsgesellschaft, S.385–403.

Ilkka LAITINEN (2007): Frontex and African Illegal Migration to Europe, in: Belachew Gebrewold-Tochalo [Hrsg.]: Africa and Fortress Europe, Aldershot & Burlington: Ashgate, S.127–137.

Antony LOEWENSTEIN (2008): The blogging revolution, Carlton: Melbourne University Press.

Philip MARFLEET (2009): State and society, in: Rabab El-Mahdi & Philip Marfleet [Hrsg.]: Egypt. The Moment of Change, London & New York: Zed Books, S.14–33.

Christoph MARISCHKA (2006): Militarisierte Bevölkerungspolitik - zum Umgang der EU mit Flüchtlingen, in: Tobias Pflüger & Jürgen Wagner [Hrsg.]: Welt-Macht EUropa. Auf dem Weg in weltweite Kriege, Hamburg: VSA, S.301–311.

Laurent MEYREDE (1999): France's Foreign Policy in the Mediterranean, in: Stelios Stavridis [Hrsg.]: The foreign policies of the European Union's Mediterranean states and applicant countries in the 1990s, University of Reading European and international studies, Basingstoke: Macmillan, S.40–72.

Paola MONZINI (2011): Recent Arrivals of Migrants and Asylum Seekers by Sea to Italy: Problems and Reactions, Análisis del Real Instituto Elcano (ARI), Madrid: Real Instituto Elcano, online verfügbar unter: http://www.realinstitutoelcano.org/wps/portal/rielcano_eng/Content?WCM_GLOBAL_CONTEXT=/elcano/elcano_in/zonas_in/ari75-2011 [15.09.2011].

Salua NOUR (2010): Afrika-Lehre und -Forschung an deutschen Universitäten: ein Pradigmenwechsel tut not, Beitrag zur Tagung über „Entwicklungstheorien reloaded – Stand und Perspektiven der entwicklungstheoretischen Diskussion", Jahrestagung 2010 der Sektion „Entwicklungstheorie und Entwicklungspolitik" der Deutschen Vereinigung für Politikwissenschaft, 15.-17. Juli 2010, Hamburg.

OPEN EUROPE (2011): The EU and the Mediterranean: good neighbours?, London: Open Europe, online verfügbar unter: http://www.openeurope.org.uk/research/ enp2011.pdf [15.09.2011].

Roger OWEN (2000): State, power and politics in the making of the modern Middle East, 2. Auflage, London: Routledge.

Jan ORBIE & Helen VERSLUYS (2009): The European Union's International Development Policy: Leading and Benevolent?, in: Jan Orbie [Hrsg.]: Europe's global role. External policies of the European Union, Farnham: Ashgate, S.67–90.

Volker PERTHES (2006): Orientalische Promenaden. Der Nahe und Mittlere Osten im Umbruch, München: Siedler.

Susanne PETERS (2004): Explaining EU Hegemony towards the Mediterranean: Theory Deficits through the Negligence of „Natural Ressources", Paper presented to the 45th Annual ISA Convention, 17.-20. März 2004, Montreal.

Brieg Tomos POWEL (2010): The stability syndrome: US and EU democracy promotion in Tunesia, in: Francesco Cavatorta & Vincent Durac [Hrsg.]: The foreign policies of the European Union and the United States in North Africa. Diverging or converging dynamics?, London & New York: Routledge, S.55–69.

Larbi SADIKI (2008): Engendering Citizenship in Tunisia. Prioritizing Unity over Democracy, in: Yahia H. Zoubir & Haizam Amirah-Fernández [Hrsg.]: North Africa. Politics, region, and the limits of transformation, London: Routledge, S.109–132.

Isabel SCHÄFER (2009): Die EU, der Nahe Osten und Nordafrika: Vom Regionalismus zurück zum Bilateralismus?, in: Annegret Bendiek & Heinz Kramer [Hrsg.]: Globale Außenpolitik der Europäischen Union. Interregionale Beziehungen und „strategische Partnerschaften", Internationale Politik und Sicherheit 63, Baden-Baden: Nomos, S.66–93.

Tobias SCHUMACHER (2005): Die Europäische Union als internationaler Akteur im südlichen Mittelmeerraum. „Actor Capability" und EU-Mittelmeerpolitik, Schriften des Zentrum für Europäische Integrationsforschung 63, Baden-Baden: Nomos Verlagsgesellschaft.

Sonia SIRTORI & Patricia COELHO (2007): Defending Refugees' Access to Protection in Europe, Brüssel: European Council on Refugees and Exiles, online verfügbar unter: http://www.ecre.org/component/downloads/downloads/60.html [19.09.2011].

Christopher J. SMITH & Kaisa LAHTEENMAKI (1998): Europeanization of the Mediterranean region: the EU's relations with the Maghreb, in: Alan W. Cafruny & Patrick Peters [Hrsg.]: The Union and the world. The political economy of a common European foreign policy, Den Haag & Boston: Kluwer Law International, S.151–172.

Ingar SOLTY (2011): Krieg gegen einen Integrationsunwilligen? Die politische Ökonomie des libyschen Bürgerkriegs und der westlichen Intervention im Kontext der Krise des globalen Kapitalismus, in: PROKLA (163), S.295–316.

Stelios STAVRIDIS (2004): Democratic Conditionality Clause, Use of Sanctions and the Role of the European Parliament in the Euro-Mediterranean Partnership: A Preliminary Assessment, in: Agora Without Frontiers 9 (4), S.288–306.

Steven STERCKX (2009): The External Dimension of EU Asylum and Migration Policy: Expanding Fortress Europe?, in: Jan Orbie [Hrsg.]: Europe's global role. External policies of the European Union, Farnham: Ashgate, S.117–138.

Edda STROHMAYER (2007): Stabilität, Friede und Demokratie im Nahen Osten? 25 Jahre Ägypten unter Hosni Mubarak, Nomos Universitätsschriften Politik 147, Baden-Baden: Nomos.

Fabrizio TASSINARI (2009): Why Europe fears its neighbors, Santa Barbara: Praeger Security International.

Alfred TOVIAS (2010): The EU and the Mediterranean Nonmember States, in: Federiga M. Bindi [Hrsg.]: The foreign policy of the European Union. Assessing Europe's role in the world, Washington, D.C.: Brookings Institution Press, S.169–182.

Bastiaan VAN APELDOORN (2000): Transnationale Klassen und europäisches Regieren: Der European Table of Industrialists, in: Hans-Jürgen Bieling [Hrsg.]: Die Konfiguration Europas - Dimensionen einer kritischen Integrationstheorie, Münster: Westfälisches Dampfboot, S.189–221.

Scott D. WATSON (2009): The securitization of humanitarian migration. Digging moats and sinking boats, Routledge advances in international relations and global politics 74, London: Routledge.

Ole WÆVER (1995): Securitization and Desecuritization, in: Ronnie D. Lipschutz [Hrsg.]: On security, New York: Columbia University Press, S.46–86.

--- (2000): The EU as a security actor: reflections from a pessimistic constructivist on post-sovereign security orders, in: Morten Kelstrup & Michael C. Williams [Hrsg.]: International relations theory and the politics of European integration. Power, security and community, London: Routledge, S.250–294.

Neville WAITES & Stelios STAVRIDIS (1999): The European Union and the Mediterranean, in: Stelios Stavridis [Hrsg.]: The foreign policies of the European Union's Mediterranean states and applicant countries in the 1990s, University of Reading European and international studies, Basingstoke: Macmillan, S.22–39.

Micha W. J. WIRTZ (2009): Das Europäische Parlament als außenpolitischer Akteur. Grenzen und Chancen bei der Mitgestaltung europäischer Außenpolitik, Schriften zur Europapolitik 9, Hamburg: Kovac.

Sarah WOLFF (2009): The Mediterranean Dimension of EU Counter-terrorism, in: Journal of European Integration 31 (1), S.137–156.

Richard YOUNGS (2006a): Europe and the Middle East. In the shadow of September 11, Studies on the European polity, Boulder: Rienner.

--- (2006b): Europe's flawed approach to Arab democracy, London: Centre for European Reform, online verfügbar unter: http://www.cer.org.uk/pdf/essay_youngs_arab_democracy.pdf [19.09.2011].

Bernhard ZEPTER (2009): Strukturen, Akteure und Inhalte der EU-Außenpolitik, in: Annegret Bendiek & Heinz Kramer [Hrsg.]: Globale Außenpolitik der Europäischen Union. Interregionale Beziehungen und „strategische Partnerschaften", Internationale Politik und Sicherheit 63, Baden-Baden: Nomos, S.17–25.

Yahia H. ZOUBIR (2008): The United States, Islamism, Terrorism, and Democracy in the Maghreb. The Predominance of Security?, in: Yahia H. Zoubir & Haizam Amirah-Fernández [Hrsg.]: North Africa. Politics, region, and the limits of transformation, London: Routledge, S.266–293.